江戸が東京になった日

明治二年の東京遷都

佐々木 克

吉川弘文館

はじめに――「東京遷都」の不思議

「奠都」という表現

《歴史辞典に「東京遷都」という項目がない》というと、多くの読者は、え?と思うのではなかろうか。正確には、項目のない辞典もあるというべきであるが、国語辞典であるとともに、学術専門語をふくめ百科全般にわたる中辞典として、多くの人に愛用されている『広辞苑』（岩波書店）にも「東京日日新聞」「東京音頭」「東京裁判」などの項目はあるが「東京遷都」の項目はない。

しかし明治維新の際に、東京への遷都がおこなわれたことは、事実であり、古くからの常識となっている。それなのになぜ「東京遷都」は辞書の項目にあがらないのだろう。常識と思っていたことが、誤りだったのだろうか。手元にある高校で用いられている教科書をみると、つぎのような記述がある。

> 政府は……七月江戸を東京と改め、九月年号を明治と改元して一世一元の制をたて、翌一八六九（明治二）年には古い伝統のまつわる京都から東京に首都を移した……。

明治二年に、京都から東京に、首都が移されて、東京が首都となったのである。この事実を、なぜ「東京遷都」といわないのだろう。首都が移ったことは遷都ではないだろうか。首都の移転と遷都とはちがうのだろうか。それとも別の表現があるのだろうか。

「奠都」という別の表現があったのである。奠都とは「都を定める」という意味で、平安奠都（遷都）ともいわれるように、先例があり、東京遷都についてこれまでに書かれたもっとも詳しい書物である『東京奠都の真相』（岡部精一著、一九一七年）は「奠都」をタイトルに用いている。官撰の歴史書である『維新史』（全五巻、文部省編、一九三九〜一九四一年）でも「奠都」が用いられていた。また明治百年を記念しようという風潮のなかで編纂された、もっとも詳しい東京の近代史である『東京百年史』（全六巻）の第二巻「首都東京の成立」（一九七九年）でも、節の見出しは「東京奠都」という表現である。

政府からの公的な声明がなかった

しかし事実上の遷都なのに、なぜわざわざ、なじみにくい「奠都」を用いるのか、という疑問があがって当然であるが、これにも、理由があったのである。

じつは東京への遷都にかんして、政府からの公的な声明がなかったのである。法令も布告・布達も一切なかった。平安遷都の際のような、天皇の詔もなかった。しかしだからといって、遷都でなかったということではない。当時の政府首脳は、はっきりと遷都であると認識していたのである。ただし同時に、遷都への反対論者や京都の市民への配慮から「遷都の発令」は急がなくてもよいと主張していたのである。このあたりの入り組んだ事情は、すこし掘り下げて検討しておいたので、本文を読んでいただきたい。

ようするに一言でいえば、遷都の発令のタイミングを失ってしまい、遷都の公式発表が行われなかったということである。その結果として事実上の遷都であるにもかかわらず遷都といわず、都（首都・帝都）を東京に定めたという意味になる「奠都」を用いることになったのであり、それを事実上の遷都であるとか、なしくずしの遷都であったという説明がなされてきたのである。

しかし、だれもが東京への遷都だったと理解しているのに、教科書などで東京遷都と言わないということは、奇妙なことではなかろうか。もはや文部省『維新史』の顔をたてることにこだわらなくてもよいだろう。「東京奠都」や東京「遷都」のようなカッコつきではなく、「東京遷都」であることを、本書では主張したい。

日本的首都の誕生——皇居との関係

さて、話を明治の遷都から、平成の遷都の話題に移したい。ここ数年来「首都機能の移転」が話題になっている。一九九九（平成一一）年の年末には、政府の審議会の答申が発表され、移転候補地が絞られた形となった。これをうけて二〇〇〇年一〇月二三日に、三重・滋賀・京都・奈良の四府県が「三重・畿央新都構想」をまとめて発表した。具体的な構想を発表したのは、移転候補地の三つのうちここが最初である。

その構想によれば、国会や主な中央官庁は三重県に、最高裁判所などの司法機関は滋賀県に、在日外国公館や国際機関は三重、京都、奈良に置くというものである。この構想で注意しておきたいのは、皇居の移転には触れていないことである。

ところで一九八七（昭和六二）年から翌年にかけて、遷都論ブームが起こったことを記憶している方が多いと思われるが、この時は、皇居を京都に移転する論など、皇居の移転も含めた遷都論として論議されたのであった。このことを合わせ考えると、現在論議されているのは、皇居の移転問題には触れない、首都機能の移転であり、したがって首都の移転（遷都）ではないという理解なのである。

ここで明らかとなったことは、首都には皇居（王宮）があることが自明の前提とされていることである。しかしこの前提は、きわめて日本的な、かつ近代的な発想と歴史に基づいているものである。たとえばオランダの場合を見よう。オランダは政府機関・国会・裁判所などがハーグにあり、国王の宮殿はユトレヒトにある。そして公式の首都とされているのがアムステルダムである。オランダの一般の市民に、オランダの首都はどこですかと質問した場合、しばしばすぐには答えがでてこない時があり、日本の場合と著しい違いがある。

現代の日本国民なら、常識として首都東京の名をあげるだろう。しかし首都という言葉が日常で使われるようになったのは、それほど古くはない。昭和戦前期には、東京は首都東京ではなく、「帝都東京」であった。首都という概念がなかったのではなく、一般の日常語でも公的な用語でも、首都とはあまり言わず、圧倒的に通用していたのは「帝都」だったのである。

首都という言葉が文献にあらわれるのが、幕末に刊行された『英和対訳袖珍辞書』(一八六二、文久二年、開成所編)で、Capitalの訳語として記されている。ただしこの辞書では、日本の首都がどこであるのか、首都とはどのようなものなのかということには一切ふれていなかった。

しかしこの辞書の編者には、外国の首都のイメージは、きっとあったにちがいない。では日本の場合はどうなのか。幕府という公権力の所在地である江戸か、一千年の伝統をもつ王宮のある京都か。おそらく辞書の編者は悩んだにちがいない。じつはこの問題を解決したのが東京遷都だったのであり、日本的首都誕生の物語だったのである。

目次

第一章　江戸か京か――幕末の首都はどこか

1　花の田舎・洛中の風景

田舎にしては花残れり

江戸の狂歌師・初代二鐘亭半山（木室卯雲）が、一八世紀の末に京都にやってきて一年半ほど滞在し、『見た京物語』（一七八一年出版）と題する京都見聞記を残した。浅間山の大噴火と天明の大飢饉がおこった一七八三（天明三）年から数年前のことである。半山の京都の印象は、雅があって、甘いけれど、もうひとつ味がないと、だいぶ点が辛かった。

京は砂糖漬のやうなる所なり。一体、雅ありて、味に比せば甘し。しかれども、かみしめてむみ（旨味）なし。からび（枯び）たるやうにて、潤沢なることなし。きれいなれど、どこやらさびし……花の都は二百年前にて、今は花の田舎たり。田舎にしては花残れり（『見た京物語』）。

二百年前は、京都は「花の都」だったと半山はいっている。たしかに、およそ二〇〇年前の一五八二（天正一〇）年といえば、織田信長が本能寺で自害した年。信長にかわって天下一統にのりだした秀吉が、新しい姓「豊臣」の勅許（ちょっきょ）を得て、関白豊臣秀吉となったのが一五八五（天正一三）年、そして関白の政庁たる聚楽第（じゅらくてい）を御所の西方（現在の、京都市上京区、千本通りと中立売通りが交差する東側あたり）に建築して、そこに移ったのが一五八七（天正一五）年。まさにこのころの京都は、事実上の首都すなわち「花の都」であった。

半山はただの趣味人ではない。本名を木室七左衛門といい、幕府大奥の監視役である広敷番頭（ひろしきばんがしら）まで勤めた旗本である。権力や政治にまつわる歴史をふまえて発言しているのである。その半山の目に映った一八世紀末の京都は、「花の都」からほど遠い「田舎」の現状であった。

花の江戸と東都という呼称

当時の江戸はといえば、人口は約一二〇万人で、世界最大の都市であった。フランス革命（一七八九年）が起こったころのパリの人口が、およそ七〇万人と推定されているから、江戸は世界でも突出した巨大都市である。そして最高の権力者である将軍が居住し、全国を統治するための最高組織である幕府と、その政庁としての江戸城が置かれていた。江戸はまぎれもない事実上の日本の首都であった。

その首都である江戸は、武家人口がおよそ六〇万、寺社人口一〇万、町方人口五〇万人で、天下の台所といわれる大坂の約四〇万人、京都の三〇万人を大きく引き離していた。巨大な消費都市である江戸は、芝居（歌舞伎）興行街と吉原遊郭という、江戸文化の花を代表する二大繁華街を持ち、またそこから江戸文学も生み出している。京都とは違って、江戸は勢いのある賑やかな大都市であり新しい文化の発信地でもあり、まさに花のお江戸であった。

そのような江戸と比較すると、当時の京都は田舎と言われてもいたしかたのない状態である。しかし一面で、半山がいうように「どこやらさびし」いけれども「花」が残っている。「花」とは、風流や風雅、つまり古代王朝以来の伝統的な文化ということだろう。「むまみ（旨味）なし」というけれども、大いに関心がそそられる。だから当時も文人から庶民にいたるまで、京都をめざし、人々が見物して回ったのであった。

一八世紀の後半に、京都、大坂、江戸を比較した、いわゆる三都論がさかんになる。

京都＝天皇のいる所。伝統・文化の都。

大坂＝天下の台所。経済の都。

江戸＝公権力（将軍・幕府）の所在地。政治の都。

右の三都論にみられる、当時の人々の日本の三大都市についての認識は、およそ以上のようなものであって、半山の視点も同様である。ただし京都や大坂にくらべて、江戸がはるかに大都会であったことは、だれもが認めるところであった。

このような江戸を「東都」とも言うようになって、この呼称が定着するのが、一八世紀の後半から一九世紀にかけてのころであったと推測されるのであるが、これはあきらかに西の京都を意識したうえでの「東都」であった。

都と首都

ところで「江戸っ子」という、江戸の市民の自意識がはっきりしてくるのも、一八世紀後半からであると言われている。二鐘亭半山も日本一の大都会の「江戸っ子」の意識のなかで京都を見ていた。そして京都を「花の田舎」と評したときには、明らかにそこには優越感がしるされていた。

ただし明治以降の近代の東京や東京人が、地方都市を見下すような視線は、まだ半山の時代の江戸っ子にはなかった。それはおそらく〈首都〉の意識を、強くもてなかったからであり、その理由は、天皇の居住する皇居が存在する京都と、その伝統的文化を強く意識していたからであったと思われる。だからあくまで西の京都にたいする東都なのである。

ここでまぎらわしくなるのをさけるために、都（みやこ）と首都について述べておこう。『広辞苑』では、つぎのように説明している。

首都＝その国の中央政府のある都市。

都（みやこ）＝1．帝王の宮殿のある所。2．首府、首都。3．政治・経済・文化などの中心となる都会。

この説明にあてはめると、一八世紀後半の江戸と京都は、2．と3．の条件をみたすのが江戸であり、京都は1．と3．の一部をみたす都（みやこ）であった。一般論でいえば、首都は都（みやこ）の一つであり、このことは「はじめに」でふれたオランダの例であきらかである。

一八世紀の江戸と京都は、ともに都であった。ただし首都という言葉は使われなかったものの、江戸を〈首都〉であると、はっきりと意識していた。それは大名が参勤交代で江戸に出て行くことを「出府」といい、江戸に定住することを「定府」と言っていたことであきらかである。この場合の「府」は政府・公府の意味で用いられている。

しかし都と首都の関係と、そのありようが、一八五八（安政五）年に日米修好通商条約が結ばれた前後から、大きく変動して行くのである。先まわりして言えば、京都は都の条件である1．2．3．の条件を、ほぼ満たすところとなり、やがて江戸にかわり事実上の首都になってゆくのである。

この第一章では、すこし詳しく幕末の京都が首都となってゆく過程を見て行くことにしたい。この過程を明らかにすることによって、日本特有の首都成立の事情が本当に理解できると思われるからである。

なお、本書がふれる幕末から明治初年にかけては、首都という言葉は、日本では常用されていなかった。しかし叙述する上で首都という言葉を使わざるを得ないので、一般論として首都を論じるときは、カッコなしで首都と記述し、当時の人々が首都のようなものを意識して論じた場合に〈首都〉と記述することにしたい。

浮上する天皇と朝廷

日米修好通商条約が調印されたのが安政五（一八五八）年の六月一九日。大老井伊直弼がハリスの圧力もあって最終的に決断したものであった。幕府はこの年の二月初めに、老中堀田正睦を参内させ朝廷に条約の勅許を要請した。しかし筋金入りの攘夷家である孝明天皇は許可しなかった。このことから井伊直弼は、尊王家と攘夷派の非難を浴びることになったのである。

幕府が対外問題で勅許を求めたケースは過去にない。しかし、この時まで朝廷（天皇）を支配下に置いていると思っていた幕府が、突然のように天皇の許可を求めたのは、やはり理由があったのである。

前年の一二月一二日、ハリスと条約の交渉にあたっていた幕府全権井上清直と岩瀬忠震は、老中に次のような意見を述べていた。条約を結ぶというような「天下の大事は、天下と共に謀」らなければならない。そして開国の「国是」を定めるべきである。その「国是」は将軍と御三家・有力譜代大名はもとより、外様の大名までをふくめた「衆議」で決定する。この武家で合意した「国是」を、天皇の許可を得た上で「天下」に布告する、というものである（『幕末外国関係文書』一八）。

幕府が勅許をもとめて動いたのは、この意見が背景となっていたと考えてよいだろう。また幕府がもとめた勅許の内容は、たんに日米修好通商条約の締結に限ったものではなく、開国の「国是」までを視野に入れたものであったと見るべきであろう。さらにいえば、幕府は開国の「国是」のもとに、人心の一致を実現し、外圧に対抗するための挙国一致の体制を作り上げようとしていたのである。

人心の一致と挙国一致体制を結び付ける発想は、たとえばペリーが来航した際に水戸前藩主徳川斉昭が「武家はもちろん百姓町人まで覚悟あい極め、神国総体の心力一致いたさせ」ることが肝要であるとした主張（「海防愚存」）が出発点である、この時から人心の一致によって挙国一致の体制を創出することが、軍事力の劣勢を自覚せざるをえなかった日本の国家的課題となっていたのであった。

新たな朝・幕・藩関係をめざして

挙国一致体制は、国家と政府の組織の面でも模索されだしていた。わかりやすくいうと、幕府（将軍）と藩（大名）と朝廷（天皇）の間の、新たな関係を結び、それを組織化しようという考えである。当時の言葉でいえば「公武合体」である。

たとえば幕府と朝廷の協力関係が必要であるという意味で、公武合体あるいは公武一和という主張は徳川幕府の初期からみられる。しかし幕末のこの段階では、公＝朝廷（天皇）と、武＝幕府（将軍）と藩（大名）の、三者の協力関係としての「公武合体」が強調されていたのである。

ここにはあきらかに幕府の専制政治にたいする批判がこめられていた。政治的に支配下におかれ、従属的立場にあった朝廷（天皇）と藩（大名）が、自己主張を強め、国政への参加を求めていたのである。そして天皇が条約勅許を拒否したのは、条約を結ぶことに、尾張・紀伊・水戸の御三家が賛成していないという事情を背景としてはいるけれども、国家の最高レベルの問題に、天皇と朝廷が主体的にかかわるという姿勢を、孝明天皇が自ら示したそのことに大きな意味があった。

そのような主体的に発言する天皇と朝廷（有力公家）に有力諸侯が近付いていく。とくに目だったのが、前水戸藩主徳川斉昭、越前藩主松平慶永、薩摩藩主島津斉彬らの、いわゆる一橋派の諸侯である。彼らは家臣を（徳川斉昭が鵜飼吉左衛門を、松平慶永が橋本左内を、島津斉彬が西郷隆盛を）京都に派遣して、朝廷工作にあたらせた。彼らの目的は天皇と朝廷を動かして、一橋（徳川）慶喜を将軍に擁立しようとしたものであるが、もう一つの目的が、そのことを通じて、国政の場における発言力を強化することであった。

彼らのまえに立ちはだかったのが大老井伊直弼である。井伊大老は彼らの京都における工作を、幕藩制と武家社会の秩序を破壊する行為であり、井伊直弼を追い落とす陰謀をたくらんでいると判断した。そして弾圧＝安政の大獄を断行したのであった。

とはいえ井伊直弼も「公武合体」を基本線では認めているし、挙国一致体制を築くことが重要であることは十分すぎるほど承知していた。しかし幕府の実質的な最高権力者としては、徳川斉昭ら諸侯の行為を、だまって見過ごすことはできなかったのであろう。客観的にみて有力諸侯の運動は、性急すぎていた。しかしながら同時に、井伊直弼の大獄もやり過ぎであったことはたしかである。

国是としての「公武合体」と破約攘夷

桜田門外の変（万延元年・一八六〇年三月）で井伊直弼が倒れてからまもなくして、幕府は天皇・朝廷に和宮と将軍家茂の婚儀を申し入れた。孝明天皇は当初しぶっていたが、この年の八月にいたり二つの条件のもとでこの婚儀を許可した。それは幕府が責任をもって1．「公武合体」と、2．破約攘夷（条約の破棄・解消）を実現すること、というものであった。

また朝廷は1．の条件に関しては、この婚儀は朝廷と幕府が熟談した上で合意したものであることを、武家はもとより、志士・草莽にいたるまで周知させるようにと幕府に要望していた。朝廷と幕府が率先して「公武合体」の実現に努力しているという姿勢を、全国民に知らせることが必要だ、というものである。

幕府はこの条件を受け入れた。そして2．破約攘夷については、一〇年以内に、場合によっては武力を行使してでも実現すると答えたのであるが、この点にかんしてはすこし説明を要する。

安政五年六月に条約調印が行われたあと、老中間部詮勝が上洛して、一〇月二四日に参内して関白九条尚忠に、条約調印のいきさつについて説明し、条約の調印は幕府が選択した一時の戦略であると強調した。これを伝えられた孝明天皇も、幕府が「鎖国の良法」に引き戻す意思であることを確認して、「心中氷解」したこと、そして破約攘夷の実行は、しばらく猶予することを告げたのであった。

しかし幕府は、この天皇・朝廷と幕府との間の合意を、実現するための具体的な方策が見出せなかったこともあって、諸大名にも公開できなかった。また調印してすぐ、破棄を考えているなどということが、外国側にもれることも、なんとしても避けなければならなかった。それゆえ、この合意は密約の扱いになっていたのである（青山忠正『明治維新と国家形成』）。

いま幕府は、この密約の実行をせまられていたのである。この時、幕府は破約攘夷に自信があったのではない。まず婚儀の実現を優先させた、場当り的な発言であった。

この年の一一月幕府は和宮と家茂の婚儀を全国に布告した（江戸城で婚儀が行われたのは、一年半後の一八六二年二月一一日）。これは幕府が強要した政略結婚ではないかとの批判は、当然のごとくあったけれど、一般には、朝廷と幕府が協調関係を深めようとしている姿勢が評価された。しかし同時に、幕府が破約攘夷を実行することを約束した事実も明らかとなった。

こうして「公武合体」と破約攘夷の二つが、事実上の国是となった。天皇（朝廷）がこの国是を実現することを将軍（幕府）に要求し、幕府はその実現のために努力する、そして諸侯（藩）がそのために協力する。国是をめぐるこのような方針が、朝・幕・藩のあいだの合意事項となったのである。

長州藩の策論＝「航海遠略策」

文久元（一八六一）年五月、藩主の命をうけて、長州藩直目付長井雅楽（ながいうた）が上洛し、朝廷に「航海遠略策」という策論を建言した。それは、戦略として開国し、やがて世界を制圧（大攘夷）するという夢物語の実現を、朝廷が幕府に命じるという、朝廷主導の「公武合体」論であり、将来的な破約攘夷論である。

すなわち国是をたくみに取り込んだ、いかにも朝廷が喜びそうな策論であった。事実、天皇・朝廷はこれに飛び付いた。そして長井に江戸へ行って、幕府にもこの策論を伝えるよう命じたのである。

長井から話を聞いた老中久世広周も、この策論に乗った。「航海遠略策」ならば、きわめて困難が予想される破約攘夷のための外交交渉は、当面は先送りが可能となるという判断である。そして幕府もこの年の暮れ、長州藩主毛利慶親に、この策論に沿った「公武周旋」を託すという将軍家茂の内命を伝えたのであった。

長州藩は朝廷と幕府の両方から、政治的な工作・運動を行うよう指示されたのである。慶親は翌年七月上洛した。大名・諸侯（この場合は、松平慶永、山内豊信、伊達宗城などの前藩主、薩摩藩主の父島津久光などをさす）、藩（その代表としての大久保利通や木戸孝允など）が政治運動に携わることが公認されたことになる。これは幕府政治の大転換であり、幕末政治の画期となる出来事であった。いわば中央の政局をめぐる政治運動の担い手が、一挙に拡大することになったのである。そして薩摩藩の登場となる。

島津久光の上洛

長州藩の京都や江戸における公武周旋の運動に、薩摩藩は強く刺激をうけた。そして国父（藩主の父であり、実質上藩政の責任者の意味）島津久光の藩兵約一千を率いての上洛となったのである。

四月に入京した久光は、島津家と古くから縁が深い五摂家の近衛家に参上し、そこで中山忠能・正親町三条実愛の両議奏（天皇に近侍し、政務を補佐する役職）に面会し、「公武合体」など国事周旋に力を尽くすために上洛したことを告げ、あわせて朝廷権威の振興や幕政改革についても建白した。

この結果、京都に滞在して、不穏の動きのある浪士の鎮静にあたるようにと、久光に対して、天皇の言葉（勅諚）がつたえられた。天皇が直接諸侯（無位無官の島津久光）に、しかも幕府の頭越しに、政治にかかわる命令を下したのである。

そして久光や長州藩に対してだけではなく、この年の一〇月には、薩長をふくめ一四藩（仙台、熊本、福岡、広島、佐賀、岡山、津、徳島、久留米、土佐、鳥取、岡）に、天皇から有力公家を通じて「報国」のため忠義を尽くすようにとの命令が下された。これをうけて、藩主や前藩主、あるいは世子、家老など藩を代表する人物が、上洛してくる。そして諸国の志士もまた、京都をめざした。こうして京都は、あっという間に政治の都となって行くのである。

禁中並公家諸法度（一六一五年）で天皇が政治にたずさわることを禁じて以来、数年前（あえて限定すれば、条約勅許を要請した安政五年より前）までなら、けっしてありえない事態が現実となっていたのだ。そしてこれ以後、幕命と朝命（天皇の命令等）が別々に出されるようになり、政局の錯綜、混迷をいっそう深めて行くのである。

2　政治の都・京都へ

攘夷という熱病、京を覆う

幕府は「公武合体」には積極的な態度（もっとも、幕府が中心となるという構想のなかでの話であるが）を示してきたが、破約攘夷に関しては、なにひとつ目につく動きをみせなかった。だから「もはや彼（欧米列強）に国を取られ候勢い」と、危機感をつのらせていた真木和泉（まきいずみ）などの急進的な尊攘派にとっては、幕府の政治姿勢は許しがたいものであった（「藩主への上書」『真木和泉守遺文』）。

彼らは幕府のとなえる「公武合体」は、朝廷を籠絡（ろうらく）するための策略だというが、「公武合体」そのものを否定していたわけではない。ただ彼らは、今の緊急の課題は攘夷にあるのだと主張していたのである。すなわち攘夷のスローガンのもとに人心の一致、挙国一致体制を実現して、国難にあたらなければならないという主張であった。

そして文久二（一八六二）年五月、幕府が破約攘夷を実現しなければ、神武（じんむ）天皇と神功（じんぐう）皇后にならって、天皇が自ら公卿百官と天下の諸侯をひきいて親征の行動にでるといった（『孝明天皇紀』三）という話がひろまった。孝明天皇も攘夷を強く主張し、幕府を批判していたのである。

これが真木和泉や平野国臣（ひらのくにおみ）、久坂玄瑞（くさかげんずい）らを勢いづかせることになった。彼らの攘夷論は激烈さをまし、尊攘激派の巨頭とみなされるようになって、その発言は強い影響力をもつようになってゆく、彼らの攘夷論は同時に激しい幕府非難論でもあった。

七月六日には、京都の長州藩邸において藩主毛利慶親と長州藩首脳部（周布政之介（すふまさのすけ）、木戸孝允など）

が、破約攘夷の実現をめざして運動すると決議した。慶親は幕府老中から「公武合体」の周旋を依頼されて京都にやってきたのだが、京都の情勢は一変していた。そして藩の基本方針である藩論が、京都で大転換となったのである。

文久二年の夏の京都は〈攘夷〉という熱病に覆われてしまったようであった。国事運動のために上洛してきた志士や藩士が、この熱病にとりつかれる。熱気は幕府非難の声をさらに強め加速する。やがて岩倉具視（いわくらともみ）など幕府に協力的であるとレッテルを貼られた者が、弾劾され襲撃されてゆく。こうして京都はテロルの街となったのであった。

将軍家茂、上洛す

熱病は朝廷・公家にも蔓延（まんえん）した。三条実美（さんじょうさねとみ）らの急進的な攘夷派の少壮公家が、老練の公家をおしのけ、朝廷内と公家社会で力を持つようになった。そして文久二（一八六二）年一〇月二八日、三条実美が勅使となって江戸に到着し、幕府に攘夷を督促した。幕府は攘夷の勅旨に従う旨を回答せざるを得なかった。

ついで将軍・幕府が、攘夷をどのようにして実現するか、その方法、期日などを朝廷と相談するために、将軍家茂がしぶしぶ尊攘急進派の巣窟となった京都に出向くことになった。幕府は破約攘夷にかんして、いまだになんの見込みも立てられないでいる。しかし将軍が上洛した以上、攘夷に向かって動かなければならない。

文久三（一八六三）年三月四日、将軍家茂は上洛し、二条城に入った。将軍の入京は、一六三四（寛永一一）年の三代将軍家光以来のことであった。随員は約三千人。その中には、老中水野忠精（山形藩主）、老中板倉勝静（備中松山藩主）も含まれていた。また将軍後見職の一橋慶喜と京都守護職松平容保（会津藩主）はすでに入洛していた。

三月七日、家茂が御所に参内。孝明天皇が小御所に出御し、家茂を引見した。この政治的儀式における席次は、次のようになっていた。最上位が関白鷹司輔煕、以下、左大臣一条忠香―右大臣二条斉敬―内大臣徳大寺公純そして家茂。家茂が末席である。

前回、といっても二〇〇年以上まえの、家光が参内しての席次は、家光が最上位で、関白―左右大臣―内大臣とつづいていた。家光と家茂では、席次が大逆転している。徳川将軍家・幕府にとっては、屈辱的ともいえる席次となっていたのであった。

この参内には老中のほか、水戸藩主徳川慶篤、仙台藩主伊達慶邦、米沢藩主上杉斉憲をふくめ一一名の藩主が随行していた。彼らは天皇と将軍、朝廷と幕府の位置関係の逆転を、目の前でまざまざと見せつけられたのであった。

天皇親征論

幕府が攘夷を実行しないなら、天皇を先頭に立てて我々がそのさきがけとなろう、というのが平野国臣らの尊攘激派の主張である。平野は文久二（一八六二）年四月の「回天三策」において、つぎのように述べていた。

> 島津和泉（久光）滞坂中、綸命下り……和泉将帥として上京し、幕吏を追払ひ……参廷の上、聖駕を奉じ、蹕（天子が乗る車）を花城（大坂城）に奉還、皇威を大に張り、七道の諸藩に命を賜ひ、陛下親しく兵衆を率ひ賜ひ……（『平野国臣伝記及遺稿』）

上京しようとしている島津久光をかついで我々の力で、大坂と京都の幕府勢力を追放し、ついで天皇を大坂城に移し、天皇自ら諸藩に攘夷のために尽力するようにと、命令するという構想である。天皇が自ら、攘夷のための軍事行動を指揮するという、いわゆる天皇親征論であった。

国家の軍事は、征夷大将軍をはじめとする武家が責任を負う、というのが当時の常識である。その国家にとっての最重要軍事を、天皇が大坂城に移って、自ら行うというのだから、幕府の面目は地に墜ちたも同然である。

さすがにこの計画は過激にすぎて実現とはならなかった。平野らの過激派に天皇が拉致されるとでも恐れたのか、鷹司政通と関白九条尚忠は、万一の際には天皇を彦根城に移すことを考え、彦根藩に密かに打診するほどであった（彦根城博物館所蔵、彦根藩井伊家史料）。

天皇が大坂城に移って親征・親政を行うべきであるという構想は、この一年後に真木和泉からも主張された（「五事献策」）。真木和泉は「大事業を為すには、必ず旧套を脱せざれば叶ず、旧套を脱するには従来の居を離れて事を簡易にする事第一義なり」といい「蹕を浪華に移す事」を主張する。

平野国臣の議論は、攘夷のための戦略の意味合いが強く、天皇が大坂に居住することになるのかどうか不明であるが、真木和泉はすくなくとも一定期間、天皇が大坂に居住することを主張していたのである。

この時点で、平野が遷都までを考えていたかどうか疑問であるが、真木の主張には遷都につながる発想があるといえよう。ともあれ平野と真木の主張は、後に問題となる、大坂そして東京への遷都論の底流となったことはたしかである。

天皇の賀茂社行幸

このような時代状況のなかで、文久三年の三月一一日、破約攘夷の成功を祈願するために、天皇の賀茂上社・下社行幸が行われた。天皇の行幸は、家光の時代の寛永三（一六二六）年に行われた、後水尾天皇の二条城行幸以来のことである。このあとは天皇の行幸を、幕府が許さなかったのである。

この行幸には、関白以下、有力公家と、当時在京していた武家が付き従っていた。池田茂政（岡山藩主）、亀井茲監（津和野藩主）、佐竹義堯（秋田藩主）、毛利定広（長州藩世子）、細川慶順（熊本藩主）、上杉斉憲（米沢藩主）、伊達宗城（前宇和島藩主）、池田慶徳（鳥取藩主）、伊達慶邦（仙台藩主）、蜂須賀斉裕（徳島藩主）らが先陣を務め、中心に天皇の鳳輦、その次に後陣を務めるかたちで将軍家茂が馬上で続き、以下、一橋慶喜、徳川慶篤（水戸藩主）および老中らが続いた。

この行列を見た当時の人々のだれもが、強烈な印象をうけたことは、二三七年ぶりに御所の外に姿を現わした天皇が、将軍を従者としていることであった。一ヵ月後の四月一一日、石清水社行幸が行われた。将軍は病気を理由に断ったが、一橋慶喜が将軍名代として供奉し、前と同じように、諸大名が鳳輦の前後に随った。

この二回の行幸は、前もって布告されたから、近国からも大勢の人々が見物に集まった。そのため京都はもちろん、伏見や高槻の旅籠まで見物客があふれるほどの有様となった（「文久三年記」京都大学経済学部図書室蔵）。

また行幸の模様は、錦絵などの刷り物になってひろがった。天皇が攘夷のために行幸し、また天皇と将軍の上下関係が逆転したことを、全国の人々が、口伝てに、あるいは錦絵などで知ったのである。そして政治が、いまや京都を中心に動いていることを実感したのであった。

武力攘夷の決行

こうした雰囲気のなかで、将軍家茂は攘夷の決行について、はっきりとした意思表示をせざるをえなかった。そして四月二三日付けで、幕府は諸藩に、五月一〇日をもって攘夷の期日とすると達したのである（『維新史』）。

> 攘夷の儀、五月十日拒絶に及ぶべき段、（朝廷より）御達相成候間、銘々右の心得を以、自国海岸防御いよいよ以厳重相備え、襲来候節は掃攘いたし候様いたさるべく候

五月一〇日をもって、攘夷を決行する。それは朝廷から命令（「御達」）があったからだ。各藩それ

ぞれ、海岸の防御を厳重にしなさい。そして外国が「襲来」した場合は、はらい除け（「掃攘」）なさい。このような意味の指示である。

朝廷からの命令であることをわざわざ記し、そして「襲来」の節と限定していることなど、幕府が攘夷の決行に消極的であることが明瞭にわかる。多くの大名はそのように理解した。朝廷に命令されて、京都にしばりつけられていた将軍家茂は、しぶしぶ諸藩に攘夷の決行を指示したのであった。

五月一〇日に、攘夷を決行したのは長州藩だけだった。しかも「襲来」した夷人ではなく、関門海峡を航行していたアメリカの商船を砲撃したのである。

しかし長州藩は六月一日と五日に、アメリカそしてフランスから報復攻撃をうけ、砲台を破壊され、近くの民家を焼き払われた。屈辱的な敗北であった。

長州藩の無惨な敗北は、武力攘夷論と、それを主唱し推進しようとする急進的な攘夷派と、そして長州藩にたいする批判の声を強くする結果となった。だが京都に滞在していた長州藩強硬派と真木和泉らの急進的攘夷派は、あくまでも強硬論をつらぬこうとした。そして反対派を弾圧しようとしたのである。

攘夷急進派の京都追放

長州藩の下関における攘夷決行と報復攻撃をうけた際に、海峡をはさんだ対岸の小倉藩は、この間ただ傍観するのみであった。そのことから、長州藩や急進的な攘夷派のうらみが、小倉藩に向けられてゆく。彼らは朝廷を動かして、小倉藩を処分しようとした。

その処分の内容はつぎのようなものであった。藩主の官位剝奪。領地一五万石のうち一二万石を没収して、三万石をあたえる。これを八月四日、朝議で内決した旨、武家伝奏から在京の諸藩に廻達された（『贈従一位池田慶徳公御伝記』二）。

大名とその領地が、朝廷内外の一部の強硬派によって、かってに処分されようとしていたのであった。また強硬派は、天皇が大和に行幸して、攘夷のための祈願と軍議をおこなう、いわゆる攘夷親征大和行幸を強行しようとした。天皇の意向を無視して……。

ここでついに在京の穏健派大名が立ち上がった。大名らは小倉藩の処分は、武家社会の秩序を破壊することであり、小倉藩と長州藩との抗争、すなわち内乱を生み出す危険があるとして、強く反対した。また天皇も七月中から、自分の意見が朝議でしばしば無視されたことに腹を立て、「暴威の堂上」（三条実美らの強硬派公家）を退けたいと公言するようになっていた。

こうして薩摩藩と会津藩が中心となり、在京の諸大名が協力して、急進的攘夷派を京都から追放した、いわゆる八月一八日の政変がおこったのである。急進的な攘夷論・攘夷強硬派は、すでに政変の前に、京都では孤立しつつあり、日本全体から見れば少数派となっていたのであった（政変にかんしては、拙著『大久保利通と明治維新』を参照されたい）。

天皇と将軍と諸侯の会議

無謀な攘夷論はもはや力を失なった。しかし破約攘夷と「公武合体」の二つの国是は、まだ生きている。というよりも、もっとも重要な国家的達成課題として、これからも京都政局における議論と政治の中心問題となるのである。

翌元治元（一八六四）年一月一五日、将軍が老中三人を引き連れて再び上洛した。すでに前の年の秋から暮れにかけて、島津久光（薩摩）、松平慶永（福井）、山内豊信（土佐）、伊達宗城（宇和島）の四侯が上京し、一橋慶喜（将軍後見職）も入京していた。いずれも天皇の命令によるものであった。

上京した四侯は、全員いわゆる「公武合体」派で、当時諸侯を代表する人物といわれていた人々である。そして彼らと慶喜に、朝廷の政治への「参預」が命じられた。こうして将軍と慶喜と諸侯代表、いわば武家の代表が京都にあつまって、天皇の前で、朝廷の重臣（親王、関白、大臣）と会議（御前会議）を行うことになった。

会議の中心議題は、新しい国是を定めること。つまり京都で国家の最高方針を議決しようというのである。新国是については、天皇の意向が前もって伝えられていた。それは破約攘夷の方針は変わらないが、条約の破棄は到底無理だろうから、せめて横浜の鎖港だけでも実現したいという、以前より大幅に譲歩した要望である。

もう一つは「公武合体」にかかわる。天皇は、軍事はもちろん政治全般を将軍に委任したいという。

「公武手を引き、和熟の治国」となるのが望ましい。そして「暴論の輩（=攘夷急進派）」が主張した「王政復古」は、自分は不承知であるともいっていた（『島津久光公実記』二）。

ここで述べられた「王政復古」は、現実に慶応三（一八六七）年一二月に実現した王政復古の内容とは異なる。現実の政治過程でなされた王政復古は、倒幕（討幕）=幕府の廃絶を必須の条件としているが、ここでふれられた「王政復古」は、幕府の政権返上とか大政奉還ぐらいの意味にとったほうがいい。

この時点では、もっとも過激な攘夷急進派といえど、幕府を激しく攻撃し非難はするけれども、まだ政治目標として倒幕=幕府の廃絶を掲げていない。だから当然、ここでの「王政復古」には倒幕がふくまれないのである。

慶喜の豹変、まぼろしの「公武合体」

孝明天皇のこのような意向に、将軍や慶喜、老中そして参預諸侯も基本的には異論がない。幕府側と参預諸侯は、破約攘夷にかんしては、天皇の要望をくみとり、横浜鎖港を実現するよう、幕府が外交交渉で努力するということで合意した。

「公武合体」については、諸侯の側は、なんとかして自分達の発言力が強化されるような、発言の場を組織の上に作り、かつその場が一度限りでないようなものを望んでいたことははっきりしている。ようするに朝・幕・藩の合議体制を制度化することである。

いいかえれば「公武合体」の実態を明らかにした組織を作ることであり、それを制度化することである。そのような制度化であり組織化にむけて、いま動きだそうとしていた。そのために京都でおこなわれる最高首脳会議だったのである。上洛してきた参預諸侯はそのように考え、期待していたのである。ではそのようになったのか……。

ならなかった。慶喜が意図的にこの会議をぶちこわしたのである。慶喜は諸侯が天皇・朝廷と過度に接近しようとしていることを警戒した。実際、島津久光の朝廷工作はいささか露骨であった。二月の下旬に至り、慶喜は久光を激しく攻撃した。そして横浜鎖港にかんして、先に諸侯との合意が成立していた鎖港にむけて努力をするというのではなく、天皇が強く望んでいる横浜鎖港を、幕府が責任を持って実現すると、独断で天皇に約束したのである。裏切りとぬけがけであった。

慶喜は天皇と参預諸侯を引き離し、天皇の気持ちを幕府側に引きつけようとした、そのための策略であった。慶喜自身も鎖港の実現はむずかしいことを十分に承知している。また開明派の参預諸侯は、横浜鎖港の実現など、およそ一パーセントの可能性もないと思っている。参預諸侯は、慶喜の豹変と策略に驚きあきれ、そのような慶喜の態度は、天皇と朝廷を愚弄するものだと怒った。

慶永、宗城、豊信、久光の参預四侯は、この会議に見切りをつけ、帰国していった。朝（天皇）・幕（将軍）・藩（諸侯）の新しい協力関係を組織化し制度化する「公武合体」は、ここに挫折したのである。この会議が「公武合体」を実現するための、実質的には最後の機会であったように思う。そして結局、ついに国是に掲げられた「公武合体」体制は成立しなかったのである。

3　京都と江戸の幕府

禁裏御守衛総督・一橋慶喜の意味

参預諸侯がいなくなった元治元年春の京都に、将軍家茂と一橋（徳川）慶喜ほか、幕府の首脳部が残った。三月二五日、慶喜は将軍後見職を辞任して、禁裏御守衛総督（きんりごしゅえいそうとく）に就任し、かつ摂海防御指揮（せっかいぼうぎょしき）の任を兼任することになった。幕府が要請して設けた新たなポストで、朝廷が慶喜に就任を命ずる形式をとった。

摂海とは大坂湾のこと。また京都にはすでに京都守護職が置かれ、警備に当たっている。なぜいま大坂湾の防御を指揮するのか、なぜ禁裏（御所）守衛の総督が必要なのか、当時からいろいろと疑問の声があがっていたが、なぜこのポストが、この時に新設されたのかよく分からない。

確かな史料がないので、推測ではあるが、私はつぎのように考えている。慶喜は京・大坂に居座る根拠として、この新設ポストに就任したのではないか。では、なぜ居座るのか。

理由は二つ考えられる。一つは公的な理由で1．天皇・朝廷と諸侯が接触を深めるのを、監視し阻止するためである。もう一つは私的な理由で2．慶喜は自分の居る場所を京都（および大坂）に求めた、と考えたい。

まず1．の理由から説明しておこう。京都二条城と大坂城は、西国の雄藩を監視するための絶好の拠点である。薩摩や長州あるいは土佐などの西国の雄藩が上洛するためには、大坂を避けては通れない。また禁裏を守衛するという名目で、二条城の兵力を増強することができる。この時はまだ、倒幕派との戦争が起こることなど、想像することもできなかったに違いないが、現実に、これから四ヵ月後におこった長州藩との禁門の変では、おおいに役に立ったのである。

2．の理由は、以下のような事情である。そもそも将軍後見職なるものは、幕府側にとっては、文久二年の夏に朝廷（および勅使大原重徳（おおはらしげとみ）に同行した島津久光）から押しつけられたもので、幕府のなかでは「実権は持って居らぬ」ポストであった（慶喜の回想談を筆記した『昔夢会筆記』）。そのような事情もあって、慶喜にとっては、将軍後見職として江戸城のなかにいても、けっして居心地がよい所ではなかったにちがいない。

この時将軍家茂は一九歳、慶喜は二八歳。そろそろ将軍の後見職もいらなくなったとの判断も妥当性を持つ。以上のような理由から、幕府にとっては、いまや江戸にかわって政治の中心舞台となった京都に、慶喜を幕府の代表者として、常駐させても悪くはないのである。慶喜もそれを望んだということではないだろうか。

庶政委任の勅

ついで四月二〇日、御所に参内した家茂に、これからは「幕府へ一切」委任するという、いわゆる庶政委任の勅が下された。庶政すなわち諸政全般を一切幕府に委任するというものである。もっとも「国家の大政大議」は天皇に伺いをたてよと、但し書きがついていた。

また、1．横浜は是非とも鎖港が成功することを望むが、無謀の攘夷はしないように。2．海岸の防御を急務、専一にこころがけること。3．長州藩と三条実美らの脱走公家の処置は、一切まかせる。4．物価の高騰で万民の生活が苦しくなっているから、その対策を講じるように。以上のように具体的な指示がなされていた（『孝明天皇紀』五）。天皇・朝廷が当時もっとも関心のあった問題が、これらであったということである。

この勅によって、天皇・朝廷と将軍・幕府の関係が一体化され明確になった。公武合体である。しかし先に国是として掲げられた朝・幕・藩関係の「公武合体」ではない。この勅では藩がどのように位置付けられているのか不明なのである。ただともあれ、朝廷と幕府それぞれから、勝手に命令がだされるような、当惑し迷惑するようなことはなくなる体制であることはたしかである。

将軍家茂は五月七日、二条城から大坂城に移り、一六日に海路江戸に向かった。京都には禁裏御守衛総督・一橋慶喜が残った。慶喜はこのあと鳥羽伏見戦争で敗れて大坂城を脱走して江戸に帰るまで、ずっと京・大坂にとどまる。一橋慶喜を支えるのが、京都守護職松平容保（会津藩主）と京都所司代松平定敬（桑名藩主）である。

学術論文などでは、一橋、会津、桑名をまとめて、この三者の協力体制を、一会桑権力あるいは一会桑政権と呼ぶこともある。ただし権力とか政権といってしまうと、いかにも独立した政治組織のように思われそうだが、あくまでも幕府があってのものであることを忘れてはならない。

私は、禁裏御守衛総督、京都守護職、京都所司代ともに、特別な意味をこめて、かつ特別な任務を期待されて京都におかれたものであり、しかも幕府にとっても重要な役職であることから、この三つのポストをまとめて京都三役といっておきたい。

現代の会社組織になぞらえれば、江戸の幕府が本社で、この京都三役の協力体制が、京都支社である。ただし原則として京都支社は江戸本社に従属するが、いっぽうでかなりの独自性・自立性を持っているのである。そのあたりの様子が、これから明らかになる。

禁門の変と慶喜の奮闘

さっそく京都三役の協力体制が役にたつ時がきた。禁門の変である。前の年文久三年八月一八日の政変で京都を追放された長州藩は、政治的復権を嘆願するため、福原越後、国司信濃、益田右衛門介の三家老が一千余の藩兵を引き連れて、七月初めには洛外の伏見、山崎、嵯峨に集結した。朝廷に嘆願という名目であるが、場合によっては戦争となってもよいとの腹づもりであった。

そして朝廷から退去命令がだされて、嘆願が功を奏さないと判断すると、八・一八政変の一方の立て役者であった京都守護職松平容保の排除をかかげて進軍し、ついに七月一九日、会津藩が守衛する禁門（蛤御門）で衝突したのである。

この時、長州軍と対峙して、御所・朝廷の守衛と応援に動いた諸藩兵は以下のごとくである。会津、桑名、土佐、徳島、高松、松山、宇和島、薩摩、熊本、久留米、福岡、岡、小倉、仙台、小田原、松代、鳥取、松江、金沢、福井、丸岡、鯖江、小浜、宮津、大垣、彦根、水口、仁正寺、岡山、出石、園部、篠山、亀山、津、郡山、淀、水戸、尾張、紀州の三九藩（『徳川慶喜公伝』より）。また一橋慶喜が率いた軍勢は、水戸藩士一五〇人、歩兵隊二〇〇人、床几隊（慶喜直属の守衛兵）一〇〇人、別手組一〇〇人、小筒組五〇人ほか、雑人数をふくめて八〇〇人。諸藩兵ともども随分多くの兵が京都にいたのである。

数でも圧倒していた朝廷守衛連合軍のまえに、長州藩兵はあっけなく敗走していった。攘夷強硬派の長州藩士久坂玄瑞は負傷して切腹し、同じく急進派の頭目とみなされていた久留米藩の真木和泉も、山崎の天王山に退いたのち切腹した。こうして強硬に攘夷を主張していた勢力は壊滅したのである。

禁門の変の直後に孝明天皇が、慶喜がいなかったなら、きっと「世は暗黒」になったにちがいないといったと伝えられている。たしかに慶喜の活躍はめざましかった。白羅紗の陣羽織、金装の太刀、紫練綾の鉢巻き、金の采配というスタイルで、長州藩と早く和睦せよと動揺する日和見の公家を叱責し、全軍の指揮をとった（『徳川慶喜公伝』）。

参謀の助言があったことだろうが、生まれて初めて直面した戦闘で、全体の局面を把握した慶喜の采配は、見事だったと言えると思う。状況も立場も異なるから、単純に比較すべきではないかもしれないが、後に直面する鳥羽伏見戦争の際の慶喜とは、あまりに違い過ぎて別人ではないかと思いたくなるくらいである。

能力のない朝廷を幕府が監視・補佐する体制

禁門の変の後、長州藩に同情的な態度をしめした、有栖川宮幟仁親王（ありすがわのみやたかひとしんのう）、有栖川宮熾仁親王（たるひとしんのう）と前関白鷹司輔熙、権大納言大炊御門家信（おおいみかどいえこと）、議奏正親町実徳（おおぎまちさねあつ）、議奏加勢日野資宗（ひのすけむね）、国事御用掛鷹司輔政（たかつかさすけまさ）、中山忠能（なかやまただやす）、橋本実麗（はしもとさねあきら）など一三人の公家が処分された。

文久二年八月に、幕府側に立つ者といわれ、急進攘夷派に弾劾（だんがい）されて朝廷から排除された内大臣久我建通（こがたけみち）、前関白九条尚忠（くじょうひさただ）、そして岩倉具視（いわくらともみ）他。ついで翌三年八月には、八・一八政変で三条実美（さんじょうさねとみ）以下、総勢一六人の公家が処分となっていた。今回の政変と合わせて、まる二年の間に有力・有能な公家が三五名も、政治がらみの事件で朝廷政治の場から去っていったのである。

朝廷は長い間、政治の場から離れていたから、経験不足もあって、政治能力の面では武家側に大きく遅れをとっていた。このもともと政治能力において劣っていた朝廷が、政争をかさねたあげく、有能な人材を失って行き、その結果としてさらに自ら戦力を大幅に減じていたのである。明らかにこの頃の朝廷には一国の政治を担当する能力がなかった。

幕府に庶（諸）政一切を委任するという勅は、いわば当然の成り行きだったともいえよう。しかしこの勅によって、最重要なことがらを、天皇・朝廷が決裁し、責任を持つという体制になったのである。そしてこれから先の話になるが、長州再征の勅許（慶応元年九月）、条約勅許（慶応元年一〇月）、兵庫開港勅許（慶応三年五月）など、もっとも重要な問題には勅許が必要とされ、それをめぐって政治が動いてゆく。

能力のない朝廷が政治にかかわり、かつ最終責任を持つという体制になった以上、朝廷になにもかも任せておくわけにはいかない。朝廷が一部の勢力に動かされたり、まずい判断をすれば、政治を委任された幕府にも責任がおよぶのである。したがって幕府としては、天皇・朝廷を監視しつつ補佐する体制が必要となる。

一橋、会津、桑名の京都三役は、そのような役目であり、幕府も彼らの役割を重要視していた。さきに江戸の幕府が本社で、京都三役が京都支社だと述べたが、本社と支社の関係を前提として、江戸の幕府と京都の幕府といってもよい。それだけの重さを持っていたのであり、幕末の政局が、京都の幕府を必要としていたというべきだろう。そしてやがて、政局の推移とともに京都の幕府が、江戸の幕府よりも、時には政治的比重を重くするような事態も生まれてくるのである。

禁門の変の後、孝明天皇の慶喜に対する信任は絶大なものとなった。京都の幕府が力を持ってゆくのは、このような背景もあったのである。

京の武士の数、急増

文久二（一八六二）年の後半期から、諸大名・諸侯の上洛が相次いだことは先に述べたが、禁門の変の際にわかったように、諸藩の藩兵が思いのほか多く京都に滞在していたという印象である。朝廷が諸藩兵によって守衛されているから、その交替のための藩兵を合わせると、相当数になることがわかるが、それだけではない。

有力藩のいくつかは、京都に相当数の藩兵を常駐させるようになっていたのである。たとえば薩摩藩などは慶応期に入ると、およそ一千名近い藩兵を京都に置いていた。残念ながらどの藩がどれだけというように数字をあげることは、史料がなくてできないが、他のいろいろな史料をつきあわせてみると、そのような傾向になっていることがわかる。

この年、元治元（一八六四）年の「京町御絵図細見大成」のなかから、大名の京都屋敷・藩邸、通称京屋敷を拾いだしてみると、興味深いことが判明する。薩摩藩と鳥取藩が三つの京屋敷を持ち、彦根、福岡、松江、岡山、佐賀、郡山、和歌山、福井、徳島、広島、熊本の各藩が二つの京屋敷を持っている（『京都の歴史』７）。

たんに複数の屋敷を持つだけではなく、より広い屋敷を新築した例も少なくない。また土佐藩や尾張藩のように鴨川（かもがわ）を越えた洛外（といっても走れば御所まで十数分の距離）に広大な屋敷を建築した例もある。これは明らかに、藩士を収容するためであり、それだけの藩士を京都に送りこんでいたとい

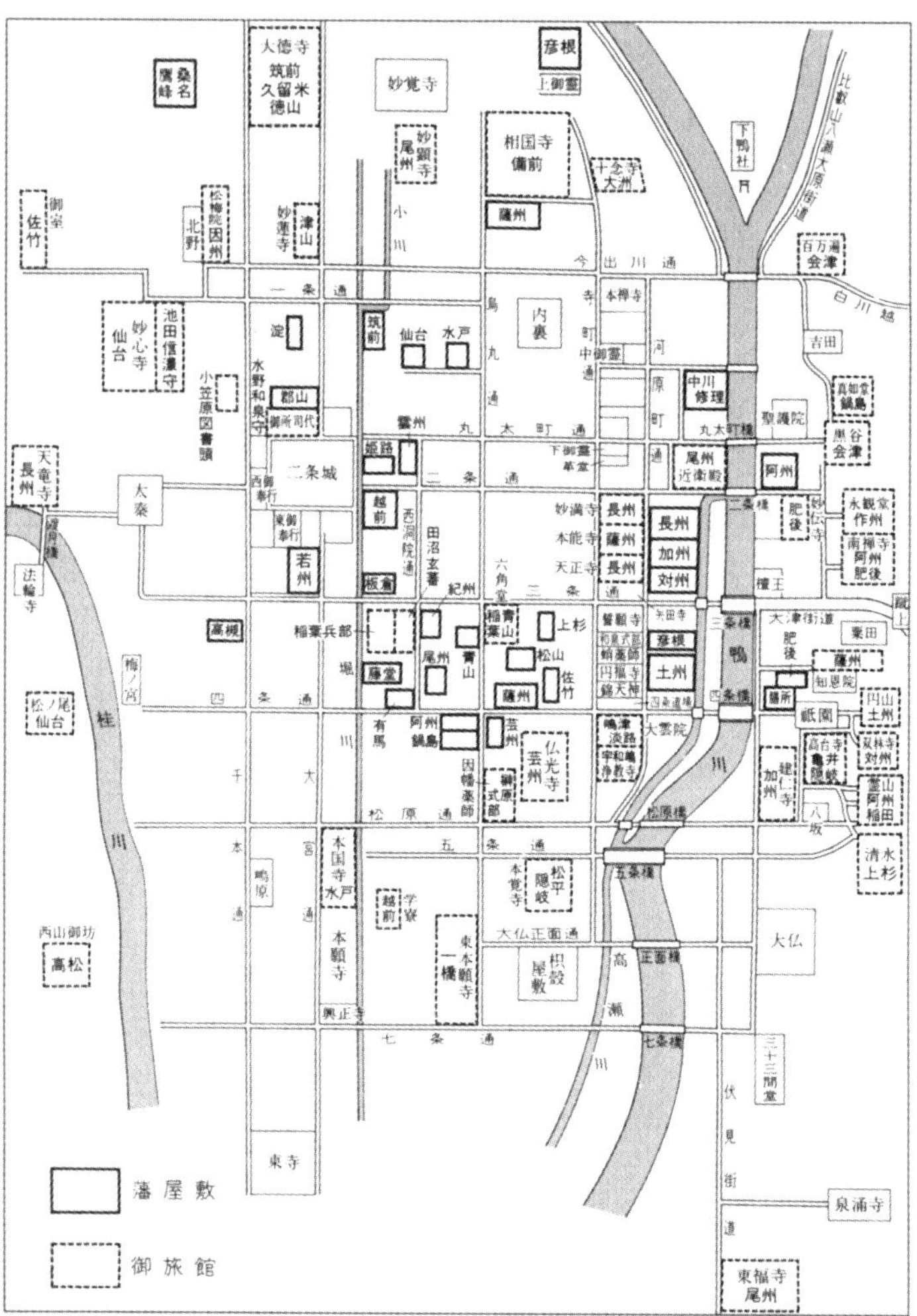

上洛諸大名本陣所在図

多くの諸大名が京都に屋敷をかまえていることがわかる（『京都の歴史』7巻より転載／Ⓒ京都市歴史資料館）

うことである。あるいは京屋敷に収容しきれない分は、京都の社寺や町屋に分宿させることもある。

もちろん、全部の大名が、すべて京屋敷をもっていたわけではない。先の絵図に見えるかぎりでは、京都に屋敷を持つ大名は七三家である。特に京都に関心を持ち、京都とのつながりを重視する大名で、京屋敷を持つ大名が七三を数えたということになるだろう（ただし、寛永一四〔一六三七〕年の絵図では、六八の大名屋敷があるから、幕末期に急速に増えたわけではない。ただし屋敷の規模は大きくなる）。

ともあれ京都は武士の数が急激に増大していた。本章の冒頭で紹介した、半山の見た一八世紀末の花の田舎・京都とは、様相が随分ちがってきている。諸国から出てきた藩士は、御所の警備をする時以外は暇であるから、京見物に歩き回る。せまい京都の街だから、やたらと武士の姿が目立つ〈都〉になっていたにちがいない。とうてい江戸とは比べられないが、京都は武家の都市の性格を強め、あきらかに政治の〈都〉となっていたのである。

長州征討の命

政治が京都を中心に動いている。大名・諸侯、志士、草莽の視線が、京都を凝視している。そのような時代になっていた。

禁門の変の直後、七月二三日、速やかに長州藩を追討するようにとの朝廷からの命令が、武家伝奏より一橋慶喜に伝えられた。慶喜は翌二四日、西国の諸藩すなわち鳥取、岡山、広島、徳島、宇和島、福岡、久留米、佐賀、熊本、薩摩など二一藩に、長州藩追討のために軍勢を揃え、指図を待つように命じた。

朝廷が大名の追討を幕府に直接命じたのは、徳川幕府はじまって以来、初めてのことである。そして慶喜は、江戸の幕府に相談することもなく、即座に朝命に応じ、諸大名に指示を発した。これもまた異例のことである。慶喜がこのような行動に出られたのは、自分が幕府を代表している、すなわち京都幕府の責任者であるという意識があったからであろうし、間違った行動ではないという判断があったからであろう。

江戸の将軍家茂も、自ら長州征討に進発する意思のあることを、八月二日に発表した。そして七日に、尾張前藩主徳川慶勝（とくがわよしかつ）に征長総督を命じた。しかし総督徳川慶勝が老中と軍議を開いて、諸大名に軍勢を長州藩攻め口に派遣するように命じたのは、一〇月一一日のことであった。総督も諸大名も長州藩征討方針に懐疑的なのである。

長州征討にもっとも強く反対しつづけたのが薩摩藩であるが、その薩摩藩士大久保利通（おおくぼとしみち）は、このとき次のように述べていた。長州藩の罪は明白だ。しかし今すぐに軍勢を差し向けるべきではない。まず朝廷と幕府そして諸藩が十分に話し合った上で、後世の論でも至当であったといわれるような処置を講ずるべきではないか、というものである。

重要な国事問題は、公議・公論で決するべきであるという大久保の主張は、正論であり当時の世論である。また大久保の主張の根底にある、国内戦争＝内乱は避けるべきであるという考えも、当時の人々に共通する認識であった（拙稿「戊辰戦争への道」、京都大学『人文学報』八三号）。

内乱という言葉が、史料にしばしば登場してくるのが、文久期からである。隣国・清(しん)国での内乱＝太平天国の乱の情報がもたらされ、清国が傾き、ヨーロッパ列強による侵略の危機に瀕していることを、他人事とは思えなくなっていたからである。上海を視察していた長州藩士高杉晋作(たかすぎしんさく)が、列強によって清国が植民地化されかねないと心配して「外乱より内乱の方、懼(おそ)るべきという心持ちなり」（「遊清五録」）と記していたが、当時の人々の心情をもっとも適切に表現した言葉であろう。

三度上洛する家茂

さて第一次の長州征討であるが、征討軍が動きだしたのを見て、一一月一一日に長州藩は、禁門の変の責任者である三家老に切腹を命じて、朝廷と幕府に対して謝罪と恭順の意を示した。これによって、長州征討は戦闘にならずに収まった。

しかし戦争が避けられたというだけで、問題が解決したわけではない。長州藩が朝敵であることが許されたのではなく、長州藩の処分は、依然として課題として残されたのである。慶喜の意見がはっきりしないが、江戸の幕府が特に長州藩処分にこだわった。

幕府は、長州藩の藩主父子を江戸に召致しようとした。ようするに人質を命じたのであるが、もとより長州藩が応じるわけがなかった。長州藩は元治元年一二月から翌慶応元年二月にかけての藩内戦争の結果、高杉晋作らの改革派が藩の実権を握ることになり、藩論を「武備恭順(ぶびきょうじゅん)」（表面上は恭順の態度を示すが、幕府軍に攻められる場合を考え、挙藩軍事体制を強化する）に決していたのである。

幕府は長州藩に圧力をかけようとして、慶応元（一八六五）年三月一七日に、将軍が進発も考えていることを布告した。偶然にも長州藩が「武備恭順」の藩論を決めた日であった。長州藩は動じない。しびれを切らしたように、幕府は将軍の進発にふみきった。

五月一六日、将軍家茂は幕兵をしたがえて江戸を出発、閏五月二二日に入洛。すぐに参内して天皇に進発を告げた。三年連続、三度目の上洛であった。ついで二五日に大坂城にはいり、ここを第二次征長の本営とした。そしてついに家茂は、江戸に帰ることなく、一年余の後この大坂城で没したのであった。

4　王政復古の首都

長州再征を勅許

将軍家茂と老中・若年寄、幕府の重要人物が征長本営となった大坂城にいる。幕府全体が大坂に移ってきたごとくであった。しかし事態は進展しない。将軍が進発すれば、長州藩はおそれをなして罪に服するだろうという、老中の思惑はもののみごとにはずれた。

将軍が自ら腰を上げれば、諸藩もしぶしぶではあっても、従わざるをえないだろうという観測も、まったくの見当違いであった。幕府首脳の状況認識は、ここまでたよりないものになっていた。自分の都合のいいように考える。他からの意見に耳を傾けようとしない。権力や組織が腐朽し、末期となった時にみせる、典型的な症状である。

名に背き義に悖る、そして天下の人心が否とする戦争で、勝利したことは古今和漢に例がない。こんなことでは、日本は清国と同じ道を歩んでしまう。悲憤にたえない。これからは幕府の命令に従う者はいなくなるにちがいない。大久保利通は、このような内容の手紙を、イギリスに滞在する薩摩藩士に書き送っていた（慶応元年八月四日付、石垣鋭之助・上野良太郎宛、『大久保利通文書』一）。

大久保利通は幕府を見限った。もはや何も期待しない。幕府の「私闘」同様の征長だから、有志の者はもちろん「匹夫」にいたるまで反対しているという。そして熊本藩が征長軍の先鋒を志願したというが、これは天下の笑い物となっているともこの手紙で述べる。

征長反対の世論の中で、幕府は勅許を振りかざして諸藩を動員しようとした。九月二〇日から二一日にかけて、朝議（御前会議）が行われた。朝彦親王、晃親王、関白・左大臣二条斉敬、内大臣近衛忠房が出席（右大臣徳大寺公純は欠席）。朝議の正規のメンバーではないが一橋慶喜と松平容保、松平定敬の京都三役が側に控えている。この会議で長州再征が勅許となった。慶喜の発言が大きな力を発揮したことはいうまでもない。

朝廷と幕府に対する非難の声

この勅を大久保利通は「非義の勅命」であると切り捨てた。「天下万人御尤も」と認めてこそ真の勅命というべきで「非義の勅命は勅命に非ず」と、大久保は非正義の勅命には従わなくてもよいと、きっぱりと勅命を否定したのである（慶応元年九月二三日付、西郷隆盛宛書簡、『大久保利通文書』一）。

幕府は名義の立たない、非正義の長州再征という暴挙を世論にさからって行おうとする。天皇・朝廷はそうした非正義の暴挙を勅許したのである。やってはならないことに天皇・朝廷は、やるべしと許可をあたえたことになる。大久保はこのように主張した。大久保は幕府はもとより、朝廷と言外に天皇をも、ここではっきりと批判していたのであった。

勅許はでたけれども、幕府はなかなか諸藩を動員できなかった。翌慶応二（一八六六）年の四月には幕府からの出兵を準備しなさいとの内命に対して、大久保利通がわざわざ大坂に出向き、老中の板倉勝静に、名義の立たない戦に薩摩藩は出兵を断ると記した届書きを提出し、その趣旨を説明した。我々（薩摩藩）は幕府なんぞを恐れておらぬ、という意思表示でもあった。

戦争に反対したのは、有志の諸藩だけではなかった。五月三日に、民衆による西宮の米屋襲撃ではじまった打ち壊しが、伊丹、池田にひろがり、さらに一三日から翌日にかけて、およそ大坂市中全域をまきこんだ民衆暴動となった。この年の二月の米価にくらべて、五月初めの米価が六七パーセントも上昇していたのである。大坂城にいる幕兵の大量の食料消費と、戦争にそなえた買い占め、関門海峡が封鎖されたため、九州方面からの米の搬入がとだえたことなどが、暴騰の原因である。

この暴動の際に捕らえられた大坂の民衆の一人は、この騒動の「張本人はお城の内」にいる人で、その人物が暴動の原因を作ったのだ、将軍こそ責められるべきなのだと、あからさまに将軍に対して抗議し非難していた（『大久保利通関係文書』三）。

また戦争が終わってからのことであるが、大和の国（現在の奈良県桜井市）のある村役人は、三歳の童子にいたるまで長州藩が勝ったことを喜んでいる、ほどなく長州藩が上ってくれば、物価も下落することだろうと、日記風の記録に書き留めていた。そして「いかなる間違いにて、かかる戦の始まり候や、拙などいっこう合点とどかざるところなり」とも記していた。なにを間違えて戦争を起こしたのか、信じがたい戦争ではないかとは、なんとも強烈な批判である（『大和国高瀬道常年代記』上）。

将軍慶喜と幼い天皇

幕府軍苦戦の報があいつぐなかで、将軍家茂は慶応二年七月二〇日に大坂城中で二一歳の生涯を終えた。若すぎる晩年の三年間のうち、約二二ヵ月半ものあいだ、京都と大坂ですごし、江戸の将軍ではなく、まさに上方の将軍となっていた。

八月一日、小倉口の幕府軍が敗北し、孤立した小倉城が落城した。ここでついに幕府も戦争の終止を覚悟する。八月一六日、慶喜は解兵を朝廷に奏請して、勅許を得た。開戦も終戦も、勅許をもって行われたのである。

慶喜のほかに将軍の候補はいない。しかし慶喜はすぐには将軍に就任しなかった。十分に周辺の支援態勢を築きあげ、まわりから是非とも、と就任を請われる状況をつくってから受けようという周到さである。いわば慶喜をよく知る松平慶永が「ねじあげの酒飲み」と慶喜を評した、そのやりかたなのであった。

一二月五日、京都二条城で待つ慶喜のもとに勅使が派遣され、権大納言正二位に任叙し、征夷大将軍に補すと、すなわち将軍宣下がおこなわれた。天皇の信任の厚い慶喜が将軍となり、天皇と将軍との、かつてなかった蜜月体制が現出するところであった……。

しかし歴史の神様はそうとうに意地悪である。一二月二五日、孝明天皇が悪性の天然痘で急死するのである。そして翌慶応三（一八六七）年一月九日、睦仁親王が践祚した。のちの明治天皇で一五歳と三ヵ月の、若いというより、幼い天皇の誕生であった。

慶喜びいき（ということは、幕府びいきと言い換えてもよいのだが）の孝明天皇が亡くなったことにより、朝廷のなかに明らかに変化がおこった。一月一五日、二五日、二九日の三日間に、これまで罪を得て罰せられていた計五一人の公家が、大喪の特赦によって赦免となった。

このなかには前年の八月三〇日に、関白二条斉敬と朝彦親王を弾劾し、朝政改革をせまり孝明天皇を激怒させた、中御門経之、大原重徳ら二二人の公家も含まれていた。この特赦はまだ幽閉中の岩倉具視の運動によるものであるが、岩倉自身は遅れて三月二九日にようやく洛中に入ることが許される。

ただし居住は許可されない。朝廷内の雰囲気は随分変わりつつあるが、まだ一変というわけにはいかなかった。

慶喜の朝廷操縦

ところで、破約攘夷はどうなったのか。じつはこの問題はすでにかたがついていた。慶応元年の九月一六日に、イギリス、アメリカ、フランス、オランダの四国連合艦隊が兵庫沖にやってきて、条約勅許と兵庫港（現在の神戸）の開港を求めたのに対し、一〇月五日、天皇は条約を勅許したのである。

列強の圧力に屈した形であったが、この時は兵庫開港だけはなんとか断った。列強側としては、政治の中心が京都に移っているし、幕府の首脳も京・大坂にいるので、是非とも兵庫の開港を実現し、あわせて大坂の開市も実現したいのである。列強にとっては、江戸が〈首都〉であればこその横浜で、〈首都〉が京都となりつつあれば、横浜の位置はおのずと違ってくる。しかし孝明天皇は、京都に近い兵庫（神戸）の開港は、どうしても許可しなかった。

その兵庫開港を、慶喜はイギリス、フランス、オランダの代表と大坂城で会見して、実現すると独断で約束した。慶応三年三月二八日のことである。孝明天皇が在位していたなら、おそらくこのようなことはできなかったにちがいないが、幼い天皇の朝廷なら、なんとかなると慶喜はふんでいたのである。そして事実そのようになる。

まず慶喜は島津久光、松平慶永、山内豊信、伊達宗城の四侯を京都に呼び寄せ、彼らから兵庫開港の合意をとりつけた。そのうえで五月二三日から二四日にかけて、紛糾して徹夜の会議となった朝廷の会議において、慶喜は諸侯も兵庫開港の方針であることを強調し、朝議を兵庫開港勅許に決着させたのであった。慶喜の巧妙な会議操縦と豪腕によるものであった。

諸侯が上洛した最大の目的は、ここで長州藩問題を寛典処分の方向で解決しようというものであったが、この問題は慶喜の策略で、結局あいまいにされてしまった。この時の諸侯と慶喜との、朝議の前の意見調整の会議を四侯会議と呼んでいるが、先年の参預会議に続いて、この四侯会議でも、諸侯は慶喜に裏切られ、翻弄されたのであった。政治力では慶喜のほうがはるかに上手なのである。

この朝議に臨席していた伊達宗城は、慶喜の言動は「朝廷を軽蔑のはなはだしく、言語に絶」するものであると、日記に記したくらいであった（『伊達宗城在京日記』）。幼い天皇と政治的力量に劣る朝廷は、慶喜の意のままになっていたのである。これは孝明天皇と幕府・慶喜との蜜月体制より、もっと悪い状況になったと、諸侯は考えざるをえなかった。いわば実質的に慶喜の専制政治となるような方向なのである。

征夷大将軍の廃絶をめざして

京都に滞在していた薩摩藩の首脳部（島津久光、小松帯刀、西郷隆盛、大久保利通ら）が、征夷大将軍と幕府の廃止、そして朝廷の根本的な改革という、二つの大目標にむかって運動することを決意したのが、この四侯会議の直後のことであった。

慶応三（一八六七）年六月二二日、土佐藩から後藤象二郎、福岡孝弟、寺村左膳、薩摩藩から小松帯刀、大久保利通、西郷隆盛の、京都にいた両藩首脳部が集まった。ここに土佐藩の坂本竜馬と中岡慎太郎もいる。いわゆる薩土提携のための会議であった。会議の結果「盟約書」が作られ、約定された。もっとも重要なところは、つぎの二点である。

1．天下の大政を議定する全権は朝廷にあり、我が皇国の制度法制一切の万機、京都の議事堂より出ずるを要す

2．将軍職を以て、天下の万機を掌握するの理なし、自分（慶喜）宜しくその職（将軍職）を辞して、諸侯の列に帰順し、政権を朝廷に帰すべきはもちろんなり

第一の点は、王政復古（朝廷改革を前提とした）を実現し、政治機構として議会＝公議体制を樹立するということで、第二の点は、慶喜に将軍職を辞任させ（慶喜は徳川宗家の当主として、一大名の列に下る）、あわせて将軍職を廃絶する（ということは、この時点での共通理解では、幕府を廃止するということになる）ということである。

当面する一番の難関は、慶喜に将軍職を辞職させることであろうが、それを場合によっては薩摩・土佐両藩の武力を背景に、慶喜に迫ろうという約束であった。倒幕である。この「盟約書」＝倒幕計画が長州藩にも伝えられた。

すでによく知られているように、前年の一月二二日には、幕府との対決を藩論とした長州藩と、そ

うした長州藩を支援し、長州藩の政治的復権の実現に薩摩藩が協力するという内容の、薩長密約が京都で結ばれていた（なお薩長密約は、以前は討幕のための密約であるといわれてきたが、そうした評価は間違いである。青山忠正『明治維新と国家形成』）。

こうして〈倒幕〉が、薩摩、土佐、長州の三藩首脳有志の政治運動の最重要目標となったのである。幕末政治史上における画期的事件であった。

討幕の密勅

大政奉還から王政復古のクーデターにいたる政治過程は省略するが、従来の通説とは異なる二、三の私見について、すこし述べておくことにしたい（くわしくは拙著『大久保利通と明治維新』を参照されたい）。

薩摩藩と土佐藩の盟約は、九月初めに、薩摩藩から破棄された。それは次のような理由からである。九月初め、土佐藩の後藤象二郎が、慶喜に政権の奉還をうながす建白書をもって上洛してきたが、その文面には将軍職にかんして何一つ触れるものがなかった。盟約書の最重要項目の一つが削られていたのである。前藩主山内豊信が武力を行使してまで、慶喜に将軍の辞職を迫るということに反対したからである。

京都の薩摩藩首脳（小松、大久保、西郷）はここで方針を転換した。土佐藩には自由に独自に建白をだすようにすすめ、薩摩藩は長州藩と芸州藩と結んで、武力を背景に将軍職を慶喜から奪い、朝廷改革を断行する、すなわち王政復古クーデター路線に切り換えたのである。まず慶喜に将軍職の辞任をせまる。拒否したらこれまでの失政の非を鳴らし、武力で追放する。討幕である。この計画を、大久保利通が山口に出向いて、長州藩主と重臣の前で説明し、長州藩の同意を得た。九月一八日のことである。

こうした動きを察知した慶喜は、一〇月一四日に大政奉還の挙にでた。ここでいわれている「大政」とは、元治元年の庶政委任の勅で「一切委任」されたもの（三六ページ）を意味していることはいうまでもない。しかし慶喜は将軍職を手離さなかった。

討幕の密勅が用意されたのは、この前日の一三日のことである。小松帯刀、西郷隆盛、大久保利通の三人が、この密勅を携えて鹿児島に急行した。そして薩摩藩論を挙兵討幕に一致させ、藩主島津茂久（しまづもちひさ）が自ら藩兵を率いて、討幕のために出馬することを実現したのである。

密勅はあくまでも密勅で、正式の勅ではない。しかし正義の勅であればよいのである。正式の勅でも、非義の勅命は、勅ではないとは、かつて大久保利通が言い放った言葉であった。密勅でも正義の勅命であれば、正しい勅なのだと、大久保らは主張しているのである。

慶喜の辞表に朝廷困惑

二条城の慶喜は、ついに一〇月二四日に将軍職の辞表を朝廷に提出した。徳川慶喜は将軍となってから、一度も江戸の地をふむことなく、去っていった、まさに京都の徳川将軍ともいうべき存在であった。

ところで、辞表を提出された朝廷は対応に困り、諸侯が上京したうえで、公議でその処遇を決めたいと述べた。自主的判断ができないのである。薩摩藩などの討幕派は、そんなことはいっこうお構いなしに計画を進めてゆく。大改革を断行するしかないとの決断なのだ。

こうして一二月九日、王政復古が実現した。いわゆる王政復古の大号令の沙汰書は、次のように述べている。

慶喜の「大政返上」と将軍職の辞退を承認する。幕府を廃止する。摂政・関白やその他朝廷の旧制度を廃止する。新しい政府の組織を定め、公議を原則として政治を行う。追々に中央政府の最高官庁である太政官（だじょうかん）を設ける。沙汰書の文面にはないが、王政復古であるから、国家の最高権力者は天皇である。

文久三年以降、政治の中心が京都に移っていたことは、詳しく見てきた通りである。京都は急速に政治の都の色を強くしていった。そしてついにいま、日本の政府が京都に置かれることになった。京都の政局を見つめていた人々のすべてが、京都が政治の都となり、江戸にかわって京都が日本の〈首都〉となったと実感していたにちがいない。

首都という言葉は、幕末には一般に使われなかった。かわりに首府という言葉が使われていたように思える（福沢諭吉（ふくざわゆきち）は『掌中万国一覧』で「首府」を用いている）。しかし事実上京都が〈首都〉になると首府と帝都が併用されるようになり、やがて明治期になると圧倒的に帝都が用いられるようになってゆく。

帝都の誕生

帝都は「皇居のある都」という意味である。一般的には国王や皇帝の宮殿、日本の場合は天皇の皇居のある都であり、首都と同義ではない。しかし近代の日本で用いられた「帝都」は、日本特有の意味が込められて使われていたのである。

すなわち、本来はいろいろな都があり、帝都もその一つであったのが、日本で用いられる帝都は、皇居のある都であるとともに、公権力の所在地である都＝首都・首府であるという理解となるのである。いいかえれば、皇居があり政府機関（たとえば太政官）が置かれる所が〈都〉なのであり、それを帝都と呼んだのである。

このようにいうと、古代の平安京と同じではないか、なにも新しい意味合いのものではないではないかといわれそうだが、しかし平安京とは大きな違いがある。平安京は、平城京から長岡京そして平安京へと遷都によって造営された都であった。そして天皇という最高権力者と、それを支える権力組織の大変動はなかった。

これに対して、帝都・京都の誕生はつぎのような意味をもつ。開国という新しい歴史的条件のもとで、幕府を倒し、国家の旧組織を変革し、天皇を最高権力者とした国家と政府組織を創建してゆく、そのような新国家の政治的拠点として、江戸から首都の座を奪い取って誕生したのが、帝都・京都だったのである。

日本の帝都とは、新しい国家の唯一の都なのである。そして当然のごとく、ヨーロッパ諸国の首都や帝都が意識される。ただしその時、帝都・京都の座は安泰でなくなっていたのであった。すでにある人々は、遷都を口にだしていたのである。ひとつの例をここで示しておこう。

大久保利通が討幕出兵の相談で長州藩山口に行った際に、長州藩の末家吉川家の家臣が長州藩の柏村数馬に、大久保は何を相談に来たのかと尋ねた。それに対して柏村は次のように答えている。日本は開国した。これから皇威を外国へ輝かすようにしなければならないが、政府が京都にあったのでは、万端不便利である。だから「帝都」を大坂に移そうという相談で、大久保が長州にやってきたのだ、と説明していた（『吉川経幹周旋記』）。

討幕計画を秘密にしておきたかったから、このような説明になったのであるが、遷都が当時すでに違和感を覚える話題ではなくなっていたことが、この話でよくわかる。

そこで次章では、まず様々な遷都意見をくわしく見てゆくことにしたい。

第二章　構想のなかの帝都

1　幕府側の新首都構想

尊攘派の巨頭の意見

慶応三（一八六七）年の秋ごろの段階になると、遷都ということが唐突で違和感を感じる話としてではなく語られていたことが、長州藩の柏村数馬の談話によってわかる。このころ、日本の明日を語る時には、遷都もまた話題の一つとなっていたのだろう。

しかしながら、私の目にした史料のかぎりでは、幕末期において、慶応三年の秋より以前に、遷都について語られた史料は少なく、特に場所まで特定して、遷都にかかわる問題について主張されたものは、ただ一つみられるだけである。

その唯一のものが、つぎに紹介する久留米水天宮の祠官で尊攘派の巨頭といわれる真木和泉の意見である。京都の尊攘派のリーダーとして、朝廷内にも大きな影響力をもつようになっていた真木が、孝明天皇の大和親征行幸を進めていた（実際には挙行されなかった）文久三（一八六三）年七月に、朝廷に献策した「五事献策」のなかで述べたものである。

一、蹕を浪華に移す事
大事業を為すには、必ず旧套を脱せざれば叶ず、旧套を脱するには、従来の居を離れて事を簡易にすること第一義なり、孟子に、斉景公、居の雪宮を出ると申したること、よくよく考ふれば、深き味あることとなり、且浪華は天下の咽喉にて、金穀の聚まる所なれば、諸侯の権を攬るにも一便あり、其うへ一歩進むの勢ありて、夷狄を御するにも亦余ほどの利あり、此一挙は必ず挙げさせらるべきことなり……（『真木和泉守遺文』）

蹕とは天子の行幸または行幸の際に天子の乗る車を言う。だから「蹕を浪華に移す」ということは、浪華（大坂）に行幸するということだけではなく、天皇が一定期間大坂に移ることを意味している。遷都とははっきりと言っていないが、遷都に近いものを考えていたと見ることができよう。「大事業を為す」ために、旧套を脱し、従来の居を離れなければならない。すなわち大事業をなすために、京都の皇居から離れて、大坂に移るべきであるという。その大坂は天下の要地（咽喉）であり、商業・流通の中心であり、諸侯を統御するための便利の地である。そしてなによりも「夷狄を御する」ため、当時の言葉で言えば破約攘夷を実現し、夷（外国）を制御するためには、大坂は利のある土地なのである。

大坂への注目

大坂が政治の拠点として重要な場所であることは、秀吉が大坂城を築城し、落城のあと徳川幕府が再建して、大坂城代を置いたことでも明らかである。徳川幕府は大坂を直轄領とし、大坂城の大坂城代が西国諸大名の動向の監視・監督にあたってきた。

「蹕を浪華に移す」といえば、天皇がその大坂城に移る、ということを意味する。それが当時の常識である。もっとも天皇・朝廷と幕府との関係が、どうもはっきりしない。したがって大坂と江戸の位置関係も明確でない。

ただし天皇が、攘夷を親征するために、大坂城に一時的にせよ移るという構想、すなわち当時の言葉でいえば（大坂）親征行幸論は、別に突飛な意見ではなかった。たとえば真木和泉とならぶ尊攘急進派の巨頭といわれた平野国臣（福岡藩士）は、真木和泉より一年余り早く、次のような構想を述べていた。

> 島津和泉（久光）滞坂中、綸命下り、直に花城（大坂城）を抜き、彦城（彦根城）を火し、二条城の城を屠り、同時一勢に率て、和泉（島津久光）将帥として上京し、幕吏を追払ひ、粟田宮（朝彦親王）の幽閉を解奉り、参廷の上、聖駕を奉し、蹕を花城に奉還、皇威を大に張り、七道の諸藩に命を賜ひ、陛下親しく兵衆を率ひ……（「回天三策」文久二年四月、『平野国臣伝記及遺稿』）

これは文久二年四月、鹿児島藩の島津久光が一千余りの藩兵を率いて上洛しようとしていた際に、平野ら尊攘急進派がもくろんだ、久光と鹿児島藩兵を抱き込んで挙行しようとした京都・大坂の制圧計画である。

この平野の意見も、幕末の遷都論の一つといわれてきたが、正確にいうと、遷都論ではなく、天皇の大坂親征行幸を主張したものである。「蹕を花城（大坂城）に奉還」と述べるように、真木和泉の意見と似通った点もあるが、平野の主張には真木にみられる将来的な長期構想がなく、やはり一種の過激な親征行幸論であるとみるべきである。

尊攘派を中心に、天皇の親征・親政論が唱えられるなかで、このように天皇が京都を離れて大坂に拠点を移すべきだとの主張がなされた。この構想には、当然のごとく幕府との対決という意識が、色濃く含まれている。まだはっきりと倒幕を主張するものではなかったが、大政委任思想（幕府への政権委任）を基礎として、将来的な王政復古を考えていたものであったことは明らかである。

しかし天皇自身は、このときはまだ親政にも王政復古の実現にも消極的で、基本的な立場は公武合体論者であった（三一ページ）。そして文久三年八月一八日の政変で、真木和泉らの急進的な尊攘派が京都から追放されたことによって、この時は大坂親征行幸も大坂遷都も現実性を失ってしまったのであった。

大坂に大君の公府を

第一章でみてきたように、文久三（一八六三）年以降は、政局は京都を中心に動いていた。将軍家茂は文久三年、翌元治元年そして元治二年（慶応元年）と三度上洛し、大坂城を居城として、ついには慶応二年七月に大坂城で亡くなった。慶喜は元治元年からほぼ京都に在り、家茂の後の最後の将軍に就任して、京・大坂に居住する。すなわち将軍も幕府も、実質的に江戸から大坂に移ったも同然という姿になっていたのであった。

こうしたなか、慶応三（一八六七）年一〇月一四日に、京都の徳川慶喜が大政奉還を朝廷に上表した。そして同月二四日には、薩長両藩を中心とする倒幕の動きが急となってきたなかで、ついに将軍職（征夷大将軍）の辞表をも朝廷に提出する。

だが慶喜はまだ隠退するつもりはなかった。何らかの形で（たとえば諸侯会議のリーダーのような）トップリーダーの位置を維持して、国政運営を担当することを考えていたようである。しかし国家全体のなかでの幕府の位置や幕府組織のあり方にかんしては、自己改革を断行したうえでの延命策を考えざるをえなかった。

こうしたなかで考え出された一つのプランが、大君（たいくん）を元首とした公府を大坂に置くという構想であった。将軍を大君と改めて、政府すなわち全国をカバーする「公府」を大坂に設置するというものである。いわば江戸から大坂に政府（幕府）機構＝中央政府機関を移転するという案であった。

これは首都移転構想であり、一種の遷都論であったとも解釈できるだろう。幕臣・西周（にしあまね）が起草した、慶応三年一一月下旬のものと推測されているその構想の、さわりの部分を引用してみよう。

> 一、政府の権の事
>
> 第一、政府即ち全国の公府は、公方様即ち徳川家時の御当代を尊奉たてまつりて是が元首となし、行法の権は悉く此権に属し候事
>
> 第二、御領内御政治は、諸藩境内政治の通、議政院にて立法候法度に拘らざるだけは御勝手たるべき事
>
> 第三、公方様は、総て内外の政令御沙汰等に、大君と称へ奉るべき事
>
> 第四、大君は行法の権の元首と立て、公府を大坂に於いて開かせられ、公府の官僚を置かせられ、天下の大政を行はせられ候事
>
> 右につき、江戸は御領の政府と相成候事
>
> （「別紙　議題草案」『日本近代思想大系1　開国』。なお傍線は引用者による。以下同）

この案でいけば、慶喜を公方様とか大樹公といわずに大君と呼ぶ。大君・慶喜が全国の政府である公府の元首となる。公府から出される法令などは大君慶喜の署名で発せられる。公府は大坂に置かれ、江戸は徳川家の「御領」（いわゆる天領）を管轄する「政府」（徳川家の役所）が置かれるところとなる。このように、大坂が江戸にかわって、実質的に首都になるという構想である。

西周の構想とオランダ

この案を、西周の「大君公府」構想と呼んでおくが、日本の中央政府が大坂に置かれることがはっ

きりしている。では天皇と朝廷、そして京都の位置はどうなのか。大名と政府の関係はどうなのか、このあたりのことを出来るだけ簡潔に説明しておこう。

西周案は一種の国家構想である。国土は山城一国の禁裏（天皇・公家）領、幕府直轄地の公儀領、大名領の三つに分類される。「禁裏の権」としては「欽定の権」「紀元の権」「尺度量衡の権」「叙爵の権」などがあげられるが、基本的には徳川幕府支配下にあった禁裏の権と変わらない。

また欽定の権といっても、拒否権はなく、形式的な承認権を有するにすぎない。ただし法令は欽定を得た上でないと発令できないから、この点は勅許と同じような意味合いを持ち、幕末の政局における動向と主張が、反映された結果となっている。

西案の特異なところは、公家は山城国の禁裏領から、基本的には外出が禁じられ、勝手に領外に出た場合は「平人」と同じ扱いをうけるとしている点である。ようするに天皇と公家を山城一国のなかに囲い込み、政治への参加を許さない、すなわち幕末の政局のなかで政治的進出をとげた天皇・朝廷に対して、きわめて冷淡な扱いとなっていることである。

大名の権で従来と異なるところは、議政院（上下両院議会）の上院に権利を持ち、全国の「法度」を評議し決定する権限をもつことである。この議会で評決することがらは、法律、制度、租税、外交等々国政全般にかかわるから、議政院の役割は重い。ただし元首・大君は議政院上院の議長となり、議会運営に強い影響力を持つ。また大名は自分の領国内で持っていた権限は、以前と同様である。また、譜代、外様の別なく、有能な人材は公府の官僚となることができる。

徳川慶喜が大君と称され全国行政府である公府の元首となる。公府と官庁は大坂に置かれ、議会＝議政院も大坂に開設される。一方で、天皇・公家は政治とは無縁となる。このような構想であるから、西周は首都という表現はしていないが、大坂を政治の中心である首府にしようと考えていたことは間違いないであろう。

西周は津和野藩出身。蘭学を学び、幕府の蕃書調所に入り、文久二年にオランダに留学し、法律、経済、統計などの諸学を学び、慶応元年に帰国、大政奉還のころは慶喜の側近として京都に滞在していた。

西の構想は、国家の政府機関がおかれる大坂が、オランダのハーグにあたり、天皇が居住する京都が、オランダ国王の宮殿があるユトレヒトと読み取れる。

幕府の構想か西の私案か

この構想は、かなり露骨な幕府・慶喜中心の政権構想であり、幕府組織に大手術を加えたうえで、事実上幕府の延命をはかろうとしたものである。しかしそうではあるけれども、本拠を江戸から大坂に移すことを考えねばならなかった。

押し詰まった幕末の政治状況と、倒幕の潮流のなかで、幕府側はかつてのように遠くから朝廷や諸大名を統制し監視してすますことなど考えられなくなっていた。将軍・幕府は自ら江戸を出て、天皇・朝廷の京都に近付いてこなければならなかったのである。

この西の「大君公府」構想を、慶喜・幕府の政権構想であると評価・理解する研究者もいるが、私はそのようには考えない。なぜなら、この案はあまりにも天皇・朝廷の扱いが軽く、これでは天皇や公家そして倒幕派諸勢力はもとより、福井藩、土佐藩などの、慶喜の参加を許容した合議体制（議会）の樹立を主張する立場の者からの賛同も得られないだろうと思うからである。

西の案では、元治元年の庶政委任の勅が出されて以来の朝廷と幕府の関係よりも、はるかに後退したものとなっている。西は天皇・朝廷の政治的力が急激に上昇した文久期の日本を留守にしていたから、文久期以降、とくに元治・慶応期の朝幕藩関係の変動と再編の過程の現実を、深く十分に理解することが出来なかったのではなかろうか。

奔流のようになりつつある京都政局のなかで、慶喜の周辺では幕府・慶喜の復権の道を探っていたであろう。西周もその一人であった。そしていくつかの構想が考え出された。そのなかで、最右翼のもっとも強力な形で、慶喜が政治的に復活する道として示したのが、この「大君公府」構想だったとは考えられないだろうか。

私は以上のように考え、この構想は、幕府側の政権構想であることはいうまでもないが、その唯一の構想だったのではなく、いくつかの中の一つとして、そしてあくまでも西周の私案として評価すべきではないかと思っている。

西の「大君公府」構想にかんして、それをどのように評価するかという点をめぐって、論議の別れていることでもあるので、本書の主題から多少はずれるが私見を述べておいた。

各国の王都と京都との比較

同じころ薩摩藩の兵法家として名の知られた伊地知正治（いじちまさはる）は、はっきりと「浪華へ遷都」と表現して、京都から大坂に遷都すべきであることを主張していた。

伊地知は京都にきていた。しかも武力を背景にした王政復古のクーデターの、主力である薩摩藩兵を指揮する軍師としてである。彼はクーデターにより、幕府を廃絶させ、王政復古を実現させ、新政府を建設するために上京したのである。その伊地知の発言である。

> 今の京都は土地偏少、人気狭隘、堂々たる皇国の都地に非す、且又、各国の王都を歴見し江戸城をも見たる夷人をして、今の皇居を見せ候はんには、日本中尊卑の分を不知の大恥、全世界の辱名となるべし、いはんや追々御手外国に及候御時節に候得は、海辺に都し討伐御便利に御座候付、昔は三韓御征伐の時分は、難波（なにわ）に都を遷し給、又古人も人気の因循を抜は、遷都に若くはなしとか申居候、さては今の本丸を皇居とし、二の丸に百寮を御設け、皇城の四方大諸侯に邸地を賜り、邸外に砲基を構へ、列藩の番兵是を守衛し奉り、来年の九月には浪華（なにわ）の皇城に御即位遊ばされるの時情に従而、不抜の御政治条理相立候……（『大久保利通関係文書』一）

この伊地知の遷都論は、つぎにくわしくみてゆく大坂遷都論の土台となっている。その意味でも本来はもっと重視されてよかったものであるが、大久保の遷都論があまりに有名になってしまって、伊地知の意見がかすんでしまった。そこで伊地知の意見の、注目すべき点をあげておくことにしたい。

1. 京都は土地が偏って狭い、そして人気（土地の気風）が狭苦しいと、京都を批判する。だからそうでない大坂なのである。
2. 世界各国の「王都」と比較し、宮殿（皇居）の規模も意識する。伊地知は海外の経験はないが、薩摩藩の留学生から海外の情報を得て、それをもとに発言している。
3. 「王都」と表現し、首都といわない。これは単に政治的な中心都市ではなく、国王が居住しかつ政治の中心となっている都・帝都を想起しているからである。
4. 将来の海外進出を意識して、そのための便のある地であることを望んでいる。
5. 諸事の因循から脱却するためには、遷都することであるという発想。

伊地知の遷都論は、このような特徴をもっている。この意見は上洛していた鹿児島藩主島津茂久に提出されたものと推測されるが、当然、大久保利通も見ていたと考えるべきである。というより、当時の在京鹿児島藩首脳部の共通意見であったと見たほうがよいのかもしれない。遷都は、一部の人間の、特殊な話題ではなくなっていたのではなかろうか。当時の人々にとって、遷都は現実味のある、必要性をもって語られていた話題であったと考えたい。

2　大久保利通の大坂遷都論

政府に大坂親征行幸を建白

鳥羽伏見戦争の余燼もおさまった慶応四（一八六八、明治元）年正月一七日、大久保利通は政府のナンバーワンである総裁有栖川宮熾仁親王に面会して、つぎのように述べた。

主上（天皇）が八幡（石清水八幡宮）に参詣行幸し、ついで浪華を巡覧、そのまま浪華に滞在して、朝廷の旧弊を一新し、外国の処置はもちろん、海陸軍、兵備等の処置を指揮されたい。そうでなければ朝廷の基本が立ち行くこともおぼつかないと思う（『大久保利通日記』）。

天皇の大坂親征行幸を是非とも行ってほしいとの進言である。たんなる行幸ではない。長期間滞在して国家の新政を先頭に立って指揮されたい、天皇が（たとえ形式的なものであったとしても）親政の実際を示さねばならないと、強い口調でくりかえしていた。

真木和泉の遷都意見（「五事献策」）と同様の趣旨ではないかと思われるかもしれないが、リアリティと重さが違う。真木和泉の意見は、いわば外野からの声であったのに対して、新政府の参与・大久保の主張は、政府の内部からの、しかも実際に政治を動かしている者からの発言であるという点において、決定的な違いがあった。

いま大久保は大坂行幸を、といっているが、多分このときすでに大坂遷都建白の草稿くらいは出来ていたのではないだろうか。大久保の本当の狙いは遷都にあるが、この一七日の発言は、おそらく遷都の建言の予告のようなものであったにちがいない。

現代の私たちは、遷都論にやや鈍感になっている。ひところマスコミが遷都論を派手にとりあげても、あまり深く考えることがなかったし、また近ごろ移転先の候補地もしぼられて、東京を中心に高い関心をよせられている首都機能移転問題にかんしても、私の住む関西圏では、それほど話題にものぼらず、冷淡な扱いでさえあるように見える。

しかし慶応四年一月の遷都意見は、人にあたえる衝撃度が違う。とくに幼い天皇の周辺や、守旧派の公家にとっては、気も動転するほどのショックであったにちがいない。遷都となれば住み慣れた千年の都を捨てることになる。それに王政復古が実現して、名実共に首都であり帝都となった京都を、なぜいま放棄しなければならないのか。不満、疑問、非難が噴出しても不思議はない。

太政官の会議の反応

大久保は予測されるこれらの反応を考慮して、まず行幸と言って探りをいれてみたのではないだろうか。そして翌一八日、大久保は同僚の参与・広沢真臣（ひろさわさねおみ）（長州藩）と二人で、政府の実力者である議定（ぎじょう）・岩倉具視（いわくらともみ）に面会して大坂遷都について相談した。この三人は王政復古のクーデターを画策した中心人物であり、同志の間柄である。

ついで一九日に、大久保と広沢は岩倉のすすめにより、有栖川宮と議定・三条実美の所にゆき、遷都について提言した。またこの日、広沢が参与・後藤象二郎（土佐藩）と参与・由利公正（福井藩）にも話して同意を得た（『広沢真臣日記』）。大久保と広沢の日記を見る限りでは、岩倉はもとより有栖川も三条も、とくに反対を述べたという形跡がない。

ということは、遷都について、薩摩、長州、土佐、福井という、有力藩の代表と公家のトップとのあいだに一応の話し合いが成立していたとみることができそうである。もっとも合意とはいっても、遷都の意図とか原則についての大まかなところであろう。

二三日、太政官（九条邸に置かれ、二七日に二条城に移る）の会議の席で、大久保、広沢、後藤が遷都について発議・説明し、評議が行われた。評議は総裁と議定によって行われた。この日、出席が確認できるのは、有栖川宮、中山忠能、正親町三条実愛、岩倉具視、三条実美、松平慶永、山内豊信、伊達宗城である。

伊達宗城の日記によれば、彼自身は遷都の議に同意したと書いてあるが、最終的には二六日に「満朝（朝廷全体）不同意」となったと記している。松平慶永と山内豊信が、政情が安定していないときに「玉座」を動かすことは、火急のことではないだろうと反対したようである（『伊達宗城在京日記』）。

また公家のなかでは久我建通（前内大臣）がもっとも激しく反対して、ほかの公家や諸侯に働きかけた形跡もある。また大久保の日記には、久我は岩倉に対して、薩長が「奸謀」をめぐらして「私権を張」ろうとしていると非難したように記されている。

ともあれ大坂遷都意見は採用されなかった。しかしながら、政府内には賛成した者も少なくなかったのである。この点は注目にあたいする。すなわち大久保の遷都論は当時政府内で、近い将来の日程のなかで語られていた問題だったこともたしかなのである。

建白書の全文

ではその遷都論をみよう。研究者でもなければ、なかなか全文に目を通す機会もないと思うので、長文をいとわず全文を引用しておくことにしたい。

今日之如き大変態、開闢以来未曾て聞ざる所なり、然るに尋常定格を以豈是に応ぜらるべき、今や一戦官軍勝利と成り、巨賊東走すと雖、巣穴鎮定に至らず、各国交際永続の法立たず、列藩離反し方向定らず、人心恟々百事紛紜として、復古之鴻業未其半に至らず、纔に其端を開たるものと言べし、然れば朝廷上に於て一時の勝利を恃み、永久治安の思をなされ候ては、即北条の跡に足利を生じ、前姦去て後姦来るの覆轍を踏ませられ候は必然たるべし、依之深く皇国を注目し、触視する所の形跡に拘らず、広く宇内の大勢を洞察し玉ひ、数百年来一塊したる因循の腐臭を一新し、官武の別を放棄し、国内同心合体、一天の主と申し奉るものは斯く迄に有難きもの、下蒼生といへるものは斯く迄に頼もしきもの、上下一貫天下万人感動涕泣いたし候程の御実行挙り候事、今日急務のもつとも急なるべし、是迄之通、主上と申し奉るものは玉簾の内に在し、人間に替らせ玉ふ様に纔に限りたる公卿方の外拝し奉ることの出来ぬ様なる御さまにては、民の父母たる天賦の御職掌には乖戻したる訳なれば、此御根本道理適当の御職掌定りて、初て内国事務之法起る可し、右の根本推窮して大変革せらるべきは、遷都の典を挙げらるるにあるべし、如何んとなれば、弊習といへるは理にあらずして勢にあり、勢は触視する所の形跡に帰す可し、今其形跡上の一二を論ぜんに、主上の在す所を雲上といひ、公卿方を雲上人と唱へ、竜顔は拝し難きものと思ひ、玉体は寸地を踏玉はざるものと余りに推尊奉りて、自ら分外に尊大高貴なるものの様に思食させられ、終に上下隔絶して其形今日の弊習となりしものなり、敬上愛下は人倫の大綱にして論なきことながら、過れば君道を失はしめ、臣道を失はしむるの害あるべし、仁徳帝の時を天下万世称讃し奉るは外ならず、即今外国に於ても帝王従者一二を率して、国中を歩き万民を撫育するは実に君道を行ふものと謂べし、然れば更始一新、王政復古の今日に当り、本朝の聖時に則らせ、外国の美政を圧するの大英断を以て、挙げ玉ふべきは遷都にあるべし、是を一新の機会にして、易簡軽便を本にし、数種の大弊を抜き、民の父母たる天賦の君道を履行せられ、命令一たび下りて天下慄動する処の大基礎を立、推及し玉ふにあらざれば、皇威を海外に輝し、万国に御対立あらせられ候事叶ふべからず

一、遷都之地は浪華に如くべからず、暫く行在を定められ、治乱の体を一途に居え、大に為すこと有べし、外国交際の道、富国強兵の術、攻守の大権を取り、海陸軍を起す等のことに於て地形

豊かで多様な〈近世〉のすがた。
最新の研究成果から、その全体像をわかりやすく描く！

日本近世史を見通す 全7巻

好評刊行中！

各三〇八〇円
A5判・平均二三四頁
『内容案内』送呈

近世とはいかなる時代だったのか。多様で豊かな研究成果を、第一線で活躍する研究者が結集してその到達点を平易に描く。通史編・テーマ編に加え、各巻の編者による討論巻からなる充実の編成で、新たな近世史像へ誘う。

●新刊の4冊

2 伝統と改革の時代 近世中期

村 和明・吉村雅美編

二〇八頁

長く平和が保たれた時代に、列島はどのように変化したのか。将軍と側近による幕政の主導、通貨・物価問題、藩政改革、貿易体制・対外認識の変貌などに着目し、五代綱吉から田沼意次の時代までの政治と社会に迫る。

4 地域からみる近世社会

岩淵令治・志村 洋編

二一六頁

近世の村と町は、いかに形成され、変化したのか。都市の開発、労働力の奪い合い、在方町の行財政、多様な生業に支えられた人びとの生活、江戸の町を舞台とした諸身分の交錯など、地域社会と権力のあり方を解き明かす。

5 **身分社会の生き方**
多和田雅保・牧原成征編
二一六頁

現代とは異なる身分社会で人びとはどう生きたのか。領主と百姓の相克、武士と町人の交流、モノやカネの動き。芸を身につけ、債務に苦しみながら、様々な集団やつながりに依拠して懸命に生きた人びとの姿を描き出す。

6 **宗教・思想・文化**
上野大輔・小林准士編
二〇〇頁

江戸時代の多彩な文化は、人びとの生活や思想にいかに反映されたのか。寺社・学問・医療・旅・文芸・出版物などをめぐる新たな潮流を生み出し、受けいれた社会に光をあて、身分と地域を超えた人びとの営みを描く。

●既刊

1 **列島の平和と統合** 近世前期
牧原成征
村　和明編

戦国乱世から太平の世へ、いかにして平和が実現され、列島が統合されたのか。国際交易とキリスト教政策、幕府と藩、武家と朝廷の関係、北方や琉球などを視野に収め、徳川四代家綱期までをグローバルな視点で描き出す。

二一二頁

●続刊

3 **体制危機の到来** 近世後期
荒木裕行
小野　将編

7 **近世史の課題** 討論（仮題）
小野　将ほか編

高埜利彦（学習院大学名誉教授）
松本幸四郎（歌舞伎俳優）
※敬称略、50音順

大名家はいかに時代の苦難を乗り越えて存続したのか！

「家」をキーワードに地域からの視点で近世日本を描く画期的シリーズ！

家からみる江戸大名 全7冊

刊行中！

〈企画編集委員〉野口朋隆・兼平賢治

A5判・平均二〇八頁／各二四二〇円 『内容案内』送呈

江戸時代の大名家とは家長（藩主）を頂点に、その永続を図る世代を超えた組織であり、家臣や奉公人をも包み込んだ社会集団だった。太平の世、藩主となった大名は、いかに「家」を築き領地を支配したのか。代表的な大名家を取り上げ、歴代藩主の個性と地域独自の文化・産業にも着目。「大名家」から豊かな江戸時代を描き出す。

●最新刊

伊達家 仙台藩

J・F・モリス著

御家騒動や飢饉など、度重なる困難に見舞われた仙台伊達家。一方、数々の試練は平和で近代的な社会システムの芽を育んだ。家臣や領民の「不服」の声を聴く統治、家を支えた脇役にも光を当て、仙台伊達家の近世を描く。

＊2刷 二一六頁

●既刊

徳川将軍家 総論編

野口朋隆著

家康以来、十五代二六〇年にわたり将軍を継いだ徳川家。列島の領主はいかに「家」内支配を行ったのか？

二二四頁

南部家 盛岡藩 ＊2刷

兼平賢治著

社会の変化の中で「家」のあり方を模索し続けた北奥の藩主。初代信直から廃藩置県までの二九〇年を描き出す。

二一六頁

前田家 加賀藩

宮下和幸著

利家を祖に「百万石」を領有した前田家。「外様の大藩」はいかにして「御家」を確立・維持したのか。

二一一四頁

井伊家 彦根藩

野田浩子著

戦国期に武功をあげ「御家人の長」と謳われた井伊家。譜代筆頭として背負った使命とその変遷を描き出す。

二〇〇頁

毛利家 萩藩

根本みなみ著

幕末に倒幕の中心となった萩藩毛利家。関ヶ原の敗戦で領地を失いながら、徳川政権下をいかに生き抜いたのか。

二〇八頁

〈続刊〉

島津家 薩摩藩

佐藤宏之著

本シリーズの特色

❖地域支配の代表的存在であった「大名家」をキーワードに新たな江戸時代像の構築を目指す画期的シリーズ

❖徳川将軍家を総論巻とし、幕藩体制とその特質について概説。各巻で代表的な大名家・藩を取り上げ、「家」の組織経営の実態に迫り豊かな近世社会像を描く全巻構成

❖各大名家の研究を専門とする最適な執筆者が、地域を形づくった文化や産業にも注目しながら、時代の流れとともに各大名家をわかりやすく解説

❖中世からの連続面（庶家の分離独立・本分家の創出・系図・武家儀礼・先祖崇拝など）と、幕藩体制のなかでの新しい側面（殿中儀礼・御目見・参勤交代・留守居など）にも着目

❖学校・公共図書館、博物館、研究機関はもちろん、江戸時代の社会や地域の歴史を知りたい、学びたい方から、教員、郷土史研究家まで幅広くおすすめ

❖本文の理解を深める図版・系図などを多数掲載。大名家に因んだコラムも充実。巻末には藩主一覧・年表を付す

推薦します

門井慶喜（作家）

高野信治（九州大学名誉教授）

※敬称略 50音順

平城京の役人たちと暮らし

小笠原好彦著

一〇数万に及ぶ人びとが暮らした平城京。役人を養成する大学や後宮に勤める女性官人、勤務評価や休暇の実態はいかなるものだったのか。税金や流通、治安、祭祀、疫病流行などから、都の日常をいきいきと再現する。

四六判・二三二頁／二五三〇円

武士の衣服から歴史を読む

古代・中世の武家服制

佐多芳彦著

平安末期に登場した武士が身につけた「袖細（そでぼそ）」は、武家の世になると彼らのトレードマーク「直垂（ひたたれ）」へと進化する。武士たちは直垂をどのように着こなし、服装の制度を定めたのか。有識故実と絵画史料を駆使して実態に迫る。

A5判・一九二頁／二四二〇円

待望の新装復刊

木下　良監修　武部健一著

完全踏査 古代の道

畿内・東海道・東山道・北陸道〈新装版〉

都から本州と四国・九州に達する壮大なネットワークであった古代の道。道路技術者の著者が、高速道路ルートとの類似性に注目し、全駅路を走破。その変遷や駅家の位置など、古代道路の全貌を解明した名著。

四六判・二六八頁／二六四〇円

完全踏査 続古代の道

山陰道・山陽道・南海道・西海道〈新装版〉

道幅一二メートル、全長六三〇〇キロに及ぶ古代官道〈七道駅路〉。全国約四〇〇の駅家は、迅速に都との交通や通信の連絡に当たった。前著に続き、西国四道を走破。古代道路全線の駅路と駅家を網羅した完結編。

四六判・三〇四頁／二六四〇円

古城ファン必備！

九州の名城を歩く

好評のシリーズ待望の九州編

全４冊完結

群雄が割拠した往時を偲ばせる空堀や土塁、曲輪が訪れる者を魅了する。九州七県から名城二六〇を選び、豊富な図版を交えて平易に紹介。詳細かつ正確な解説とデータは城探訪に最適。最新の発掘調査成果に文献による裏付けを加えた、シリーズ九州編。

福岡編

岡寺　良編

小倉城・福岡城・久留米城・柳川城…。名城六一を紹介。

本文二七二頁

熊本・大分編

岡寺　良・中山　圭・浦井直幸編

熊本城・田中城・中津城・大友氏館…。名城六七を紹介。

本文二八四頁

宮崎・鹿児島編

岡寺　良・竹中克繁・吉本明弘編

飫肥城・都於郡城・鹿児島城・知覧城…。名城六四を紹介。

本文三〇四頁

佐賀・長崎編

【最新刊】

岡寺　良・渕ノ上隆介・林　隆広編

佐賀城・名護屋城・原城・長崎奉行所…。各県から精選した名城六七を紹介。

本文二八四頁

Ａ５判
原色口絵各四頁
各二七五〇円
『内容案内』送呈

歴史手帳　２０２４年版

日記と歴史百科が一冊で便利！

吉川弘文館編集部編

Ａ６判・三三六頁／一三二〇円

毎年歴史家をはじめ、教師・ジャーナリスト・作家・学生・歴史愛好者など、多数の方々にご愛用いただいております。

歴史文化ライブラリー

●23年9月〜12月発売の8冊

四六判・平均二二〇頁　全冊書き下ろし

人類誕生から現代まで／忘れられた歴史の発掘／常識への挑戦／学問の成果を誰にもわかりやすく／ハンディな造本と読みやすい活字／個性あふれる装幀

577 古墳を築く

一瀬和夫著

弥生時代にはじまる墳丘をもつ墓は、前方後円墳など巨大古墳を経て群集墓や横穴式石室の出現にいたる。墳丘形態の変化から、文化の浸透や集団のネットワークなどを解明し、巨大な古墳がいかに築造されたのかを問う。

二六八頁／一九八〇円

578 源氏物語を楽しむための王朝貴族入門

繁田信一著

『源氏物語』で光源氏や頭中将らが活躍する宮廷は、史実と異なる設定で描かれているが、実際の王朝社会とはどう違ったのか。貴族たちの日常生活や仕事をわかりやすく解説。『源氏物語』がよりいっそう楽しめる一冊。

〈2刷〉二四〇頁／一八七〇円

579 戦死者たちの源平合戦 生への執着、死者への祈り

田辺　旬著

多くの犠牲者が出た源平合戦。武士は戦死とどう向き合い、いかに語り継いだのか。戦功の認定基準や、討たれた首の取り扱い、大路渡をめぐる葛藤、鎌倉幕府による顕彰や鎮魂に着目し、敵も弔った心性を読み解く。

一九二頁／一八七〇円

580 スポーツの日本史 遊戯・芸能・武術

谷釜尋徳著

日本スポーツのルーツ、相撲・蹴鞠・打毬。海外渡来の文化に改良を加え、日本独特の文化を生み出してきた歴史を、社会情勢や産業の発達とも絡めて考察。羽つき・踊り念仏も取り上げ、近代スポーツの到来までを見通す。

二二四頁／一八七〇円

581
着物になった〈戦争〉 時代が求めた戦争柄

乾　淑子著

日清戦争から太平洋戦争開戦まで盛んに作られた戦争柄着物。吉祥とされた意匠から当時の社会的背景や時代性を読み解く。戦争の断片を伝えることで真実を覆い隠した姿を解明し、近代史・美術史の中に位置付ける。

二七二頁／一九八〇円

582
温泉旅行の近現代

高柳友彦著

温泉旅行は、どのように今日のような身近なレジャーとして定着してきたか。旅行形態や費用感、交通・情報インフラなどの変遷を追い、そのなかでの温泉地の対応にも言及。江戸から現代までの温泉旅行を通史的に描く。

二三六頁／一八七〇円

583
おみくじの歴史 神仏のお告げはなぜ詩歌なのか

平野多恵著

おみくじはいつから存在し、誰がつくり、なぜ和歌や漢詩が書いてあるのか。謎の多いルーツを辿り、日本の社寺の風俗として定着した魅力に迫る。歴史を知り神仏のお告げと向き合い解釈すれば、おみくじはもっと面白い。

〈2刷〉二八八頁／二〇九〇円

584
戦国期小田原城の正体 「難攻不落」と呼ばれる理由

佐々木健策著

天下人豊臣秀吉に抗った戦国大名北条氏の本城小田原城。発掘調査成果と文献史料・絵画史料を駆使し、小田原の城と城下の景観にアプローチ。敗れながらも小田原城が「難攻不落」と称されるのは何故か、その真相に迫る。

二四八頁／一九八〇円

【好評重版】

574 武田一族の中世　西川広平著　三三六頁／二二〇〇円

575 賃金の日本史 仕事と暮らしの一五〇〇年　高島正憲著　三一二頁／二二〇〇円

歴史文化ライブラリー
電子書籍・オンデマンド版 発売中
書目の一部は、電子書籍、オンデマンド版もございます。詳しくは『出版図書目録』、または小社ホームページをご覧下さい。

読みなおす日本史

毎月１冊ずつ刊行中　四六判

道と駅

木下　良著

一七六頁／二四二〇円（解説＝中村太一）

古代日本で中央と地方を結ぶために整備された道と、早馬の中継地として設置された駅。交通制度の変化や道路網の発達により、その役割はどのように変化してきたのか。現代まで続く道と駅の歴史をわかりやすく描く通史。

親鸞　煩悩具足のほとけ

笠原一男著

二五六頁／二四二〇円（解説＝菅原昭英）

鎌倉時代、阿弥陀仏への信心のもと、念仏一つで個人も社会もすべてが救われると説いた親鸞。激動の世でいかに行動し、どう思索して生きたのか。当時の社会を背景に、煩悩に苦しむ人びとへ全生涯をささげた姿を描く。

道元　坐禅ひとすじの沙門

今枝愛真著

二二四頁／二四二〇円（解説＝中尾良信）

ひたすら坐禅に徹することで煩悩や欲望を取り除き、悟りを得ることができると説いた道元。社会も宗教も混沌とした鎌倉時代において、いかに自らの道を切り開いたのか。『正法眼蔵』から思索と人間像を浮き彫りにする。

江戸庶民の四季

西山松之助著

二〇八頁／二四二〇円（解説＝熊倉功夫）

平和が長く続いた江戸時代、庶民はどのように暮らしていたのか。絵画資料を交えながら当時の生活文化を追体験。年中行事や信仰生活、花見や祭りを楽しむ姿を、文人歴史家が分かりやすい語り口で生き生きと描き出す。

渤海（ぼっかい）と日本

酒寄雅志著

Ａ５判・二六八頁　四一八〇円

唐を基軸とした古代東アジアの国際秩序の中で、なぜ渤海と日本の友好関係はつづいたのか。王位継承や統治機構の実態、交通路の開拓を多角的な視点で解明。戦争に翻弄された研究史にも着目し、わかりやすく解説する。

倭国の政治体制と対外関係

森 公章著

A5判・三三六頁／一〇四五〇円

乙巳の変の後、中心人物であった中大兄皇子と中臣鎌足はいかなる動向を見せるのか。既存の文献と出土文字資料を総合し、諸制度の運用や地方支配の状況、激動する東アジア情勢への介入など、倭国内外の実態を詳解する。

飛鳥・藤原京と古代国家形成

相原嘉之著

A5判・四〇四頁／一一〇〇〇円

わが国における古代国家の始まりはいつなのか。王宮・王都のみならず、王宮関連遺跡、古代寺院、古墳墓の構造変化を読み解き、考古学の成果から「日本国誕生」の過程を解明。前著『古代飛鳥の都市構造』に続く論集。

唐法典と日本律令制（日本史学研究叢書）

坂上康俊著

A5判・四九六頁／一一〇〇〇円

唐の律令格式の伝来や日本での編纂過程を、『令集解』や敦煌文書などに基づき解明。さらに日唐間の情報伝播や日本社会と法との関わりを考察する。古代日本における法典編纂の展開と律令国家の成立過程を見通す必備の書。

明治の地方ビール 全国醸造所・銘柄総覧

牛米 努著

近代を迎えた日本には、地方ビールの時代があった。黎明期から終焉にいたる歴史を平易に解説。史料を博捜して東京および全国各地の醸造所や銘柄など、詳細な情報を紹介する。明治の地方ビールが蘇るユニークな書。

A5判・二七二頁／四一八〇円

平安時代の日本外交と東アジア

篠崎敦史著

A5判・三二八頁／一一〇〇〇円

十〜十二世紀の日本と東アジア諸国との国際関係を考察。渤海・高麗との交流や、渡海巡礼僧の動向からみた宋との関係などを追究。日本朝廷の〝外交〟と背後の国際的環境に新たな視座を確立し、中世以降への展望を示す。

日本中世の地方社会と仏教寺院

黄 霄龍著

A5判・二六六頁／九三五〇円

多様な信仰と宗派が密集し競合した北陸の仏教寺院を通して、中世の地方社会の特質を検討。中央権力の影響を受ける一方、自律性を見せた面にも着目。中世地域社会論や仏教史、国外との比較研究にも新たな視座を提示する。

中国を目指すザビエル 上川島での活動と崇敬の端緒

岸野 久著

A5判・二七八頁／九九〇〇円

日本布教ののち、ザビエルは中国開教を目指した。その試みについて、発端から上川島で急死により終了に至る経過と周囲の環境、あわせてザビエルの最期の状況を解明。巻末史料に中国人アントニオ書翰二種の全訳を掲載。

中近世の資源と災害

西川広平著　A5判・三六八頁／九九〇〇円

中近世移行期の日本列島の山野は、豊富な資源をもたらす一方、地震・水害が頻発した。甲斐国の事例を中心に、資源の調達や自然災害への対応を追究。災害史料の成立過程にも着目し、自然環境と人間との関係を再考する。

徳川のまつりごと 中世百姓の信仰的到達

斎藤夏来著　A5判・三二〇頁／一一〇〇〇円

宗教がもつ影響力の本質はどこにあるのか。中世以来の人々が営んできた信仰のあり方と、徳川氏を権力として戴く近世社会との関係を読み解く。救いと導きを願う人々の自然な欲求に着目し、宗教史の再解釈に挑む。

近世の気象災害と危機対応 凶作・飢饉・地域社会

菊池勇夫著　A5判・三三四頁／一一〇〇〇円

気候変動により、寒冷期には激しい凶作・飢饉に襲われた近世社会。温暖期を含め人々は気象災害といかに格闘し、飢えの教訓から後世に何を伝えたのか。地域の多様な記録史料を紐解き、飢饉史研究に新しい視座を示す。

近世公家社会と学問

佐竹朋子著　A5判・四一二頁／一二一〇〇円

江戸幕府の統制下、先例や伝統を重視する因習的世界に沈滞していた公家は、幕末になぜ浮上しえたのか。儒学や有職研究などの学問を通じて公家が自己形成を実現させ、新しい政治主体を形成させていく過程を解明する。

日本海軍と近代社会

兒玉州平・手嶋泰伸編　A5判・三一八頁／一一〇〇〇円

日本海軍は近代社会にどのような影響を与え、その社会からいかなる影響を受けたのか。軍事史に限らない多様な専門領域を持つ研究者が結集。国際関係・政治・軍事・経済などから、海軍と社会との双方的な関係を解明する。

日本考古学 57

日本考古学協会編集——A4判・一〇〇頁／四四〇〇円

日本考古学年報 75（2022年度版）

日本考古学協会編集——A4判・二四〇頁／四四〇〇円

正倉院文書研究 18

正倉院文書研究会編集——B5判・一一〇頁／四九五〇円

鎌倉遺文研究 第52号

鎌倉遺文研究会編集——A5判・九〇頁／二二〇〇円

戦国史研究 第86号

戦国史研究会編集——A5判・五八頁／七五〇円

交通史研究 第103号

交通史学会編集——A5判・九二頁／二七五〇円

人物叢書

日本歴史学会編集　四六判

紫式部　今井源衛著　二三一〇円

王朝ロマンの最高峰『源氏物語』作者の全生涯を、その社会的・政治的背景の上に鮮やかに描き出す。

藤原道長　山中　裕著　二〇九〇円

一条天皇　倉本一宏著　二二〇〇円

藤原彰子　服藤早苗著　二四二〇円

清少納言　岸上慎二著　二〇九〇円

人をあるく 紫式部と平安の都

倉本一宏著　A５判・一五〇頁／二二〇〇円

千年の時を超え、世界最高の文学と称えられる『源氏物語』。不遇な学者の女から中宮彰子への出仕に至った作者・紫式部の生涯を追い、物語執筆の謎に迫る。平安京や須磨・明石、宇治を訪ね、物語の舞台に想いを馳せる。

光源氏に迫る 源氏物語の歴史と文化

宇治市源氏物語ミュージアム編　A５判・二〇八頁／二四二〇円

時を越え、世界中で読まれ続ける『源氏物語』。主人公をキーワードに、歴史・文学・美術など多様な切り口からアプローチ。その生涯や恋愛模様のほか、紫式部の生きた時代に迫り、物語の舞台になった平安王朝へ誘う。

牛車(ぎっしゃ)で行こう！ 平安貴族と乗り物文化

京樂真帆子著　A５判・一七六頁／二〇九〇円

平安貴族が用いた牛車とは、どんな乗り物だったのか。乗り降りの作法、車種の違い、動力＝牛の性能、乗車マナーなど、失われた日常生活を豊富な図版とともに生き生きと再現。牛車を余すところなく語った注目の書。

『小右記』と王朝時代

倉本一宏・加藤友康・小倉慈司編　A５判／四一八〇円

摂関期の政務・儀式を子細に記した『小右記』。その成立と後世の来歴、実資の事績と人間関係を探り、政務運営や貴族の交際など社会の諸側面を考察。『小右記』と実資の新たな評価を見いだす。二四〇頁

摂関政治最盛期の「賢人右府」藤原実資(さねすけ)が綴った日記が現代語訳で甦る　『内容案内』送呈

現代語訳 小右記 全16巻

倉本一宏編　四六判・平均三三八頁

❶三代の蔵人頭❷道長政権の成立❸長徳の変❹敦成親王誕生❺紫式部との交流❻三条天皇の信任❼後一条天皇即位❽摂政頼通❾「この世をば」❿大臣闕員騒動⓫右大臣就任⓬法成寺の興隆⓭道長女の不幸⓮千古の婚儀頓挫⓯道長薨去⓰部類記作成開始

各巻三〇八〇円～三五二〇円　全巻セット五一九二〇円

●近刊

ドナウの考古学 ネアンデルタール・ケルト・ローマ（歴史文化ライブラリー589）
小野 昭著 四六判／一九八〇円

弥生人はどこから来たのか 最新科学が解明する先史日本（歴史文化ライブラリー587）
藤尾慎一郎著 四六判／一八七〇円

古代王権と東アジア世界
仁藤敦史著 A5判／一一〇〇〇円

雪と暮らす古代の人々（歴史文化ライブラリー585）
相澤 央著 四六判／一八七〇円

世界遺産 宗像・沖ノ島 みえてきた「神宿る島」の実像
佐藤 信・溝口孝司編 四六判／二六四〇円

「国風文化」の時代（読みなおす日本史）
木村茂光著 四六判／二七五〇円

荘園制的領域支配と中世村落
朝比奈 新著 A5判／一三二〇〇円

検証 川中島の戦い（歴史文化ライブラリー588）
村石正行著 四六判／一八七〇円

高台院（人物叢書323）
福田千鶴著 四六判／二五三〇円

徳川幕閣 武功派と官僚派の抗争（読みなおす日本史）
藤野 保著 四六判／二四二〇円

近世山村地域史の展開
佐藤孝之著 A5判／九九〇〇円

近世領国社会形成史論
稲葉継陽著 A5判／一一〇〇〇円

吉田松陰の生涯 猪突猛進の三〇年（歴史文化ライブラリー586）
米原 謙著 四六判／二二〇〇円

夜更かしの社会史 安眠と不眠の日本近現代
近森高明・右田裕規編 A5判／四一八〇円

日中和平工作 1937—1941
戸部良一著 四六判／二九七〇円

戦後日本の防衛と政治〈増補新版〉
佐道明広著 A5判／九九〇〇円

中世の人々が、その眼で見た城、思い描いた城…。

描かれた中世城郭

城絵図・屏風・絵巻物

竹井英文
中澤克昭 編
新谷和之

城郭の姿を、今に伝える絵画の数々。鎌倉・室町期の寺社縁起や物語などの絵巻物、戦国期の洛中洛外図屏風や参詣曼荼羅、織豊期の陣取図や郡絵図など、城郭が描かれた絵画史料を可能な限り集成。迫力あるカラー図版に平易な解説を加えながら、中世城郭の世界へいざなう。

B５判・一四四頁／三〇八〇円

土佐派・住吉派・狩野派・琳派らの絵師たちによる百花繚乱の名品。

東京国立博物館所蔵

近世やまと絵50選

江戸絵画の名品

『内容案内』送呈

東京国立博物館編

B５判・一一二頁
二六四〇円

平安時代前期に成立し、千年近く描かれ続けてきたやまと絵。江戸期に制作の担い手となった著名な絵師の代表作など、東京国立博物館所蔵の近世やまと絵50点を精選。洗練された美意識を楽しむことができる公式図録。

【主な収録作品の絵師】
俵屋宗達・土佐光起・狩野永徳・狩野山楽
狩野探幽・住吉如慶・住吉具慶・板谷桂舟
尾形光琳・酒井抱一・田中訥言・冷泉為恭

（ご注意）

・この用紙は、機械で処理しますので、金額を記入する際は、枠内にはっきりと記入してください。また、本票を汚したり、折り曲げたりしないでください。

・この用紙は、ゆうちょ銀行又は郵便局の払込機能付きＡＴＭでもご利用いただけます。

・この払込書を、ゆうちょ銀行又は郵便局の渉外員にお預けになるときは、引換えに預り証を必ずお受け取りください。

・ご依頼人様からご提出いただきました払込書に記載されたおところ、おなまえ等は、加入者様に通知されます。

・この受領証は、払込みの証拠となるものですから大切に保管してください。

収入印紙
課税相当額以上
貼　　付

印

この用紙で「本郷」年間購読のお申し込みができます。

◆この申込票に必要事項をご記入の上、記載金額を添えて郵便局でお払込み下さい。

◆「本郷」のご送金は、４年分までとさせて頂きます。
※お客様のご都合で解約される場合は、ご返金いたしかねます。ご了承下さい。

この用紙で書籍のご注文ができます。

◆この申込票の通信欄にご注文の書籍をご記入の上、書籍代金（本体価格＋消費税）に荷造送料を加えた金額をお払込み下さい。

◆荷造送料は、ご注文１回の配送につき500円です。

◆キャンセルやご入金が重複した際のご返金は、送料・手数料を差し引かせて頂く場合があります。

◆入金確認まで約７日かかります。ご諒承下さい。

※現金でお支払いの場合、手数料が加算されます。通帳またはキャッシュカードを利用し口座からお支払いの場合、料金に変更はございません。

※領収証は改めてお送りいたしませんので、予めご諒承下さい。

お問い合わせ　〒113-0033・東京都文京区本郷７－２－８
吉川弘文館　営業部
電話03-3813-9151　FAX03-3812-3544

この場所には、何も記載しないでください。

02	東京

払込取扱票

通常払込料金加入者負担

口座記号番号	金額
00100＝5＝244	千 百 十 万 千 百 十 円 ※

加入者名	料金	備考
株式会社 吉川弘文館		

ご依頼人・通信欄	
フリガナ	
※お名前	
郵便番号	電話
※ご住所	
※	

〈この用紙で書籍代金ご入金のお客様へ〉
代金引換便、ネット通販ご購入後のご入金の重複が増えておりますので、ご注意ください。

◆「本郷」購読を希望します

購読開始 　　号 より

1年 1000円 (6冊)　3年 2800円 (18冊)
2年 2000円 (12冊)　4年 3600円 (24冊)
(ご希望の購読期間に○印をお付け下さい)

日附印

各票の※印欄は、ご依頼人において記載してください。

裏面の注意事項をお読みください。(ゆうちょ銀行)(承認番号東第53889号)

これより下部には何も記入しないでください。

切り取らないでお出しください。

記載事項を訂正した場合は、その箇所に訂正印を押してください。

振替払込請求書兼受領証

口座記号番号	00100＝5　244 (通常払込料金加入者負担)
加入者名	株式会社 吉川弘文館
金額	千 百 十 万 千 百 十 円 ※
ご依頼人	おなまえ ※　　様
料金	日附印
備考	

この受領証は、大切に保管してください。

適当なるべし、尚其局々の論あるべければ贅せず右内国事務の大根本にして、今日寸刻も置くべからざる急務と存じ奉り候、此儀行れて、内政の軸立ち、百目の基本始て挙るべし、若し眼前些少の故障を顧念し、他日に譲り玉はゞ、行はるべきの機を失し、皇国の大事去と云ふべし、仰願は大活眼を以て一断して卒急御施行あらんことを千祈万祈禱奉り候、死罪

正月　　大久保一蔵（利通）（『大久保利通文書』二）

遷都の地は大坂（浪華）がよい、地形が適当であるというだけで、なんとも素っ気のない書き方である。天皇はどこに住むのか、政府機関をどこに置こうとしているのか、なにも書かれていない。

これには理由がある。大坂城は鳥羽伏見戦争で敗北した幕兵が脱走したあとに火災となり、この時点では大坂城をそのまま皇居とすることが出来ないし、また政府の官庁にも使えなかったのである。だから大坂遷都といっても、いますぐに天皇と都を移すということではない。遷都が急務であるというのは、遷都の方針を、出来る限り早く確定するべきであるということなのである。大久保が考えたもっとも望ましい筋書きは、遷都の方針を確定し、その上でとりあえず大坂親征行幸を挙行するというものであったのではなかろうか。

天皇の日常から改革するためにも

大坂親征行幸は、鳥羽伏見戦争後の戦略の面からも必要であった。一月の二〇日過ぎには、西国の諸藩はほぼ新政府を支持することを表明していたが、江戸の旧徳川幕府勢力をはじめ、北越、北関東から東北にかけての諸藩はまだ帰趨が不明であった。だから天皇が軍事の先頭に立って、軍議をおこない征討軍を進めるという、このように積極的な態度を示すことが、政治と軍事の両面から大きな意味をもつことなのであった。

親征行幸はこれで説明がつく。しかしなぜいま遷都を主張するのか。なぜ遷都をしなければならないのか。大久保は遷都をして、なにをしようというのだろうか。この点は大変重要な問題であるから、これから少しくわしく考えを述べてみたい。

私はこのように思っている。第一に、新国家の新たな政治は、新しい土地で新鮮な気持ちでおこなう、すなわち政治の一新をめざしたことである。第二には、数百年にわたる「因循の腐臭」に凝り固まっている朝廷を改革すること、あわせて、そのような朝廷（および天皇の私的空間である後宮）から若い天皇を引き離し、国民との接触が密であり、積極的かつ能動的なヨーロッパの皇帝のような、そのような天皇に育てることを考えていたのであったとおもう。

大久保の建白は遷都論であると同時に天皇論であることが、読むと自ずとわかる。君主としては白紙状態の幼い天皇を、新国家日本のシンボルとして誇れるような、そのような天皇に育成しなければならない。そのためにも一日も早く遷都を実現したいのである。

二月初旬、大久保は岩倉具視に朝廷改革意見を呈した。1．天皇が表の御座所に親臨して万機を親裁すること。また表には後宮女房の出入りを厳禁とすること。2．毎日、総裁以下政府の首脳と面会すること（政治問題について学ぶため）。3．侍読（天皇・皇太子に学問を教授する人）を新しく人選して、内外の形勢について勉強すること。4．馬術の訓練をすること（外の空気を吸い身体を鍛えるためにも）等々。

これをみると、当時の天皇がおかれていた、旧い閉鎖的な環境の様子が、言葉の背景から浮かびあがってこよう。大久保はこのような旧体制から天皇を遮断し、天皇の日常から改革して、名実ともに天皇親政の体制を築きあげねばならないと決意したのである。新国家にふさわしい天皇の教育は、京都ではできない。そのためにも遷都が必要なのであった。

京都の「突込み」

大久保が遷都を決断したもう一つの大きな理由は、京都からの脱出ということにあったのではないかと私は考えているが、それはこういうことである。先ず京都府の行政に長くかかわった槇村正直（長州藩士、京都府大参事、知事を歴任）が述べた京都の風土と人情についての評をみていただこう。

> 人情もまた随て頑固、隘陋、柔奸、狐疑……一令下る、百人中一人己に利ならざる有れば、高貴の家来に依附し、社寺に阿諛し、殿上人なり地下官人なり、百方周旋して是を拒み是を覆す、

名付けて突込みという……（『京都府史料』）。

京都の人間に対して、悪罵のかぎりを並べ立てなければならなかった槇村の心中は、行政の側の苦渋がにじみでていてリアルである。あらゆる手づるを使って、ネチネチと執拗に権力に抵抗するのが、「突込み」という京都の民衆の伝統的知恵と方法である。しかし治める側に立つ者にとっては、なんともやりにくい京都の風土であったことはたしかであった。大久保はこのような京都を避けて、新しい政治と、新しい天皇の教育をおこないたかったのだと思う。

大久保は祇園(ぎおん)のお茶屋の娘おゆうと、慶応二年の春以来、京都（寺町石薬師）で家庭をもち、町の人々とも接触をもち、市井(しせい)の人々の生活と意識を知っていた。また政治折衝の数々の中で、公家や社寺との付き合いかたもわきまえていた。このように、いわば京都の裏も表も知りつくしたうえで、大久保は新国家の建設を、京都以外の新天地に求めたのである。その意味で、遷都の地は大坂にかぎらなくてもよかったのである。

話はわき道にそれるが、私の京都体験をここで紹介しておきたい。数年前にちょうど夏の祇園祭りの最中に選挙がおこなわれたことがある。その際に町の有力者から、山鉾(やまぼこ)が立ち並び、あの風雅なお囃子(はやし)が流れる、メインストリートの四条の通りを、選挙の宣伝カーがスピーカーを鳴らして通るのを止めてほしいとの要望がだされた。

たしかに祇園祭りの風流・風情とスピーカーの金属音は合わないし、できたら止めてほしいと思うのが人情であろう。わたしも賛成したい。しかし私がいささか驚いたことは、この要望に添えられた理由である。それは、祇園祭りは一千年の伝統があり、我々の先祖が受け継いでやってきた。選挙などたかだか一〇〇年にも満たない実績しかないではないか。祭りの邪魔になる。だから遠慮すべきである、というものであった。

これが京都人の意識なのである。行政はこうした意識や主張に配慮しなければ、たちまち立ち往生してしまう。それが京都であり、大久保の時代も変わりなかったのである。

たぶん大久保は、できれば「突込み」に煩(わずら)わされる京都から出て、新天地で存分に、新しい政治に全精力をかたむけたい、そんな気持ちも強かったのではないかと私は想像している。

朝廷の旧習の一洗

さて大坂遷都は実現しなかったが、一月二九日に大坂への親征行幸が内定した。大久保と岩倉の強い要望によるものであった。もっとも、この行幸もすんなりときまった訳ではなかった。たとえば議定・松平慶永はつぎのように反対していた。

わざわざ天皇が大坂まで行かないでも、征討大将軍・仁和寺宮嘉彰(にんなじのみやよしあき)親王に委任すればすむことである。また行幸などで、まだ位階も与えられていない軽輩の者が、天皇の側近くに出入りするようでは、まことに恐れ多いことである、という。このように、行幸の目的は改革にあると考えていた大久保や岩倉の主張を、慶永はほとんど理解できていなかったのであった。

また天皇自身も、すすんで政務にかかわろうとせず、周辺も天皇にすすめなかったことは、天皇はいまだ幼いから、お菓子などを持参すれば、天皇も自分から表（政務を執る場）にでてくるようになるだろうという、おなじ慶永の発言によって明らかである。

現実は、天皇親政のスローガンとはかけはなれたありさまとなっていた。まさにこのような状況を打開するための行幸だったのである。慶永とちがって議定・伊達宗城は行幸や遷都をすることの意味を正しく理解していた。すなわち親征行幸とか遷都とかいっても、大変革を断行して旧習を「一洗」することを行わない限り、騒ぐだけ無益のことであると、はっきりと記していたのである（『伊達宗城在京日記』）。

こうして大坂行幸が実現した。三月二一日に京都を出発し、二三日に大坂の本願寺別院に到着、ここを行在所（宿泊所）とし、閏四月六日まで六週間あまり滞在した。この間四月九日に、大久保利通ははじめて天皇に拝謁した。無位無官の者（大久保は閏四月二一日に従四位に叙せられるが、辞退する。正式な従四位に叙任は明治二年五月二一日である）が、公的な場で天皇と面会するのは、未曾有のことであった。

これは京都をはなれた、行幸の場であったから可能となったのであり、京都の御所・朝廷では、難しかったであろう。その意味でも、行幸を機に、朝廷改革はすすめられていたのである。四月一六日の木戸孝允の日記には、以後天皇は、四方に自由に行幸するようでありたいと記されていた。親政する、積極的かつ行動的な天皇イメージが、木戸の胸中にも形成されつつあった。

このあと現実に、これからは幼いけれども天皇が親政をします、という布告が出される（閏四月二一日）のであるが、この布告が遷都問題と深くかかわる重要なものであったことは、第三章で詳しく述べることにしたい。

3　江戸への遷都論

前島密の江戸遷都論

大久保利通の大坂（浪華）遷都論は、政府部内で議論されただけではなく、やがて世間一般にも伝わって、時の話題となった。そしてこの遷都論に刺激を受けて、大久保の大坂への遷都意見に対抗するような形で、江戸への遷都が主張されるようになった。

その代表的なものが、これから紹介する前島密（まえじまひそか）（幕臣・開成所教授）の江戸遷都論である。これは江戸開城後の四月一一日過ぎから二〇日頃までの間に書かれ、前島が大坂まで行って、大久保利通に届けたものである。

一、大政府所在の帝都（ていと）は、帝国中央の地ならんを要す。けだし蝦夷地（えぞち）を開拓の後は、江戸（えど）を以て帝国の中央とせん。而して蝦夷地の開拓は急ならざる可らず。且この開拓事務を管理するは江戸を以て便なりとす。浪華（なにわ）ははなはだ便ならず。

二、浪華は運輸便利の地と称す。しかれども是和形小船の日にして称するを得べし。今は西戎大艦の時となる。運輸の便とはこれを容れ、及びこれを修理する便ある地をいうなり。而して浪華はこれを容るべき安全港を築造し難し。また修繕の便なし。これに反して江戸の海たる、已築の砲台を利用して容易に安全港を造り得べし。以て大艦巨船を繋ぐべし。又横須賀（よこすか）は近きに在り。修繕の工も容易なり。

三、浪華は市外四通の道路狭隘（きょうあい）にして、郊野宏大ならず、将来の大帝都を置くべき地にあらず。江戸の地たる八道の道路は広闊にして四顧の雲山曠遠（こうえん）なり。地勢の豪壮なる、風景の雄大なる、実に大帝都を建置するに必適の地たり。

四、浪華の市街は狭小にして、車馬駆逐の用に適せず。王公または軍隊の往来、織るがごときを容るべき設に非ざるなり。これを改築せんか経費の大なる、民役の多き、測るべからず。江戸の市街は彼に異り一の工事を起す無くして可なりとす。

五、浪華に遷さば宮闕、官衙、第邸、学校等皆新築をなさざるべからず。江戸に在りては官衙（かんが）備り学校大なり。諸侯の藩邸、有司の第宅（ていたく）、一工を興さず、皆是れ已ニ具足せり。宮闕（きゅうけつ）の如きも目下特に新築を為さざるも、少しく修築を江戸城に施さば、以て充（あつ）るに足るべきならんか、今の時に際しては、国費民役最も慎慮を要せざるべからず。

六、浪華は帝都とならざるも何等の衰頽を憂うる事無く、依然本邦の大市なり。江戸は帝都と為らざれば市民四方に離散して寥々東海の寒市とならん。江戸は世界の大都に列す。この大都を以て荒涼弔古の一寒市となす、甚だ痛惜に勝えざるなり。幸に帝都を茲に遷さば、内は百万の市民を安堵し、外は世界著名の大都を保存し、皇謨の偉大を示す。国際上及び経済上の観察に於て、是また軽々に附すべき問題に非ざるなり（『鴻爪痕』）。

傑出した帝都構想

大久保や伊地知の大坂遷都意見は、天皇が居住し、かつ中央政治機関が置かれる都・帝都を、京都から大坂に移すということが、主張の眼目である。だから徳川家や東国の諸藩の帰趨がはっきりしない時点では、江戸はまだ遷都の視野に入りにくい。

前島の遷都論の特徴は、蝦夷地（北海道）全体を領土化して開拓することを射程に入れ、江戸を日本の領土（この場合は琉球は入っていないと思う）の中央であると位置付けて、帝都は帝国日本の中央の地であるべきで、だから江戸に遷都するべきであると主張したことである。

前島の主張は、浪華（大坂）と江戸を比較して、江戸のほうが帝都の地として、様々な面で浪華より優れている、という議論の組み立て方であるが、将来的・長期的構想も盛り込まれており、帝都構想論として、当時としては傑出したものとなっている。

以下に、それらの点について、要約して述べておこう。

1. 将来、海外との交流・貿易を考えると、港湾とドックが整備されることは必須の条件で、この点を重視している。

2. 将来の道路整備と市街の拡大＝都市計画の視点を持つ。当時主流であった水上輸送に加えて、陸上運輸の重要性を考えているように思える。

3. 帝都としての都市景観が重要な要素であることをおさえている。

4. 帝都に必要な諸施設は、大坂よりも江戸の方が充実しているから、急いで新築する必要がないという、国家の財政事情に意を配った柔軟性。最高教育施設としての大学の設置を考えていることも注目される。

5. 江戸は世界に誇れる大都市であるとの認識にたって、その歴史的都市の保存・存続を訴えている。

当時の土木・建築技術のレベルを考えると、ごく普通に考えて、世界の首都と比べても見劣りしない、帝都にふさわしい都市改造をしてゆくためにも、大坂より江戸の方が条件がよいと思う。このような条件もふくめて、前島の江戸遷都意見は、総合的に判断して、きわめて説得力を感じる主張であった。

前島密の遷都論はいつ書かれたのか

ここで前島のこの意見が、いつごろ書かれて、どのようにして大久保利通のもとに届けられたのか、

料金受取人払郵便

本郷局承認

6427

差出有効期間
2026 年1月
31 日まで

郵便はがき

1 1 3-8 7 9 0

東京都文京区本郷７丁目２番８号

吉川弘文館 行

愛読者カード

本書をお買い上げいただきまして、まことにありがとうございました。このハガキを、小社へのご意見またはご注文にご利用下さい。

お買上**書名**

＊本書に関するご感想、ご批判をお聞かせ下さい。

＊出版を希望するテーマ・執筆者名をお聞かせ下さい。

お買上
書店名　　区市町　　書店

◆新刊情報はホームページで　https://www.yoshikawa-k.co.jp/

◆ご注文、ご意見については　E-mail:sales@yoshikawa-k.co.jp

ふりがな ご氏名	年齢　　歳　男・女
〒 □□□-□□□□	電話
ご住所	
ご職業	所属学会等
ご購読 新聞名	ご購読 雑誌名

今後、吉川弘文館の「新刊案内」等をお送りいたします(年に数回を予定)。
ご承諾いただける方は右の□の中に✓をご記入ください。 □

注文書

月　　日

書　　名	定　価	部　数
	円	部
	円	部
	円	部
	円	部
	円	部

配本は、○印を付けた方法にして下さい。

イ．下記書店へ配本して下さい。
（直接書店にお渡し下さい）

（書店・取次帖合印）

書店様へ＝書店帖合印を捺印下さい。

ロ．直接送本して下さい。

代金（書籍代＋送料･代引手数料）は、お届けの際に現品と引換えにお支払下さい。送料・代引手数料は、1回のお届けごとに500円です（いずれも税込）。

＊お急ぎのご注文には電話、FAXをご利用ください。
電話 03－3813－9151（代）
FAX 03－3812－3544

そのあたりの事情について少し述べておきたい。

まずいつの時点で書かれたのか、ということであるが、慶応四（明治元）年三月に書かれたと伝えられてきたのは、明らかな誤りで、正確には四月一一日の江戸開城のあと、四月二〇日ごろまでに書かれたものである。

この前島の遷都意見が一般に紹介されたのは、明治二五（一八九二）年六月五日の「読売新聞」（五七〇六号）に掲載されたのが最初で、前島の談話を吉田東伍（よしだとうご）（歴史学者）が記事にしたものである。ただしこの時、すでに遷都意見の草稿も残っておらず、前島は記憶をもとにして語った。そしてこの新聞に掲載された際には、いつこの遷都意見を執筆したかということについては、なにもふれていなかったのである。

その後、前島は「自叙伝」で、遷都意見を書いたのは、明治元年の三月某日であると記しているが（前島密の伝記『鴻爪痕』大正九年刊）、これはおそらく前島の記憶ちがいであろう。なぜなら遷都論で江戸城を「宮闕（皇居）」に充てると明言していることから、江戸開城のまえで、しかも三月中というのは、あまりにも早すぎる。

「自叙伝」では遷都論を書いてから、天皇の行幸にしたがって大坂にいる大久保のもとに届けるまでのいきさつを、次のように述べている。遷都論を書いたが、飛脚便も「阻絶（そぜつ）」して届けることができず「空しく数日を過ごした」。しかし幸に、信任状を天皇に提出するために、大坂に赴（おもむ）くイギリス公使パークスと通訳のアーネスト・サトウに同行することが許され、大坂に行くことができた。
パークスが横浜を出港したのが四月二二日。大坂行幸中の天皇に信任状を提出したのが閏四月一日。このような日程から考えると、前島が遷都論を書いたのは、江戸開城から横浜出港の間のほぼ一〇日間であったとみることができよう。

ロシアを考慮した岡谷繁実の江戸遷都論

ここでもう一つ江戸遷都論を紹介しよう。同じく四月中に政府に提出されたと思われる、岡谷繁実（館林藩士）の建言である。

ロシアとの緊張関係を想定して、北方警備を重視し、蝦夷地の経営に力をいれるべきであり、そのためにも蝦夷地に拠点（鎮守府）を設けるべきであるという。そして、その蝦夷地の管轄と経営のために、浪華より近い江戸に遷都して、江戸を帝都にするべきであるという主張である。要点の部分を引用してみよう。

> 浪華遷都の議御座候由伝承仕候、地形と申何一つ不備の義無之、無双の帝都と奉存候得共、宇内の形勢を熟考仕候に、万国何も開国を主と仕り、中にも魯西亜の如き隣国の事にも候へは、追々蝦夷地へ蚕食同前に闌入仕候趣、殊には蝦夷の地方日本半国余も有之、王化も未た及兼居候義に候へは、大御英断ニ而江戸城へ御遷都被遊候は、、蝦夷も相開け浪華に勝り候義と被存候、尤も蝦夷地へは鎮守府を被建、宮又は三公位の御方ニ而鎮圧被遊候而可然奉存候、一休国勢

西より開け、東に及ぼし候事故、関西は最早御心配被遊候処は無之候、只々蝦夷地の義は魯西亜に相接し、北門の鎖鑰とも申候処に候へは、神武の故業を襲せられ、断然と東国へ都を遷させられ、当時の江戸を蝦夷地へ御取建被遊候思召ニ而可然と被存候、宇内の形勢と申、地勢と申、傍浪華に相勝候義と被存候（国立国会図書館「三条家文書」）。

この建言の文中で注目されるのは1.「江戸城へ御遷都」、そして2.「当時の江戸を蝦夷地へ御取建」とする表現である。

1.の点であるが、これは現代の感覚では、皇居と政府機関を江戸城という建造物へ移すと解釈される恐れがあるが、ここでの江戸城はもっと広い空間をさしている。江戸城を中心とした都市空間で、当時の言葉でいうと御府内（朱引内）のことを意味している。すなわち、江戸城を中心とする江戸を、全国支配の中心とし、皇居を置く、それが遷都であるという主張であるように思える。

2.の点も興味深い発言である。「当時の江戸」と表現したその意味は、徳川家康が天正一八（一五九〇）年に江戸城に入り、関東領国支配のための拠点とした、そのような政治的中心ということであろう。したがってこの主張は、そのような、かつての関東における江戸のような、蝦夷地支配のための中心的支配機構・拠点（鎮守府）を設ける必要がある、ということであると思われる。

この岡谷の遷都論も書かれた日時ははっきりしないけれども、前島の遷都意見と同じように、江戸開城の後と見て間違いないだろう。江戸開城を機に、遷都の地として想定される場所は、明らかに大坂から江戸の方へと潮流が動きだしていたのである。

4　東西両都論

江戸城を東京に

ところではじめて岡谷繁実の遷都意見を見た時に、私は「江戸城」へ「遷都」するという表現に、少し違和感を覚えた。岡谷は、江戸城という狭い空間に、皇居と政府機関を押し込めて、それで遷都をすることと考えているのか、と思ったからである。

しかしよく読んでみると、そうではないことがわかった。岡谷は「江戸」を単に地名を表すものとは考えていない。また同時に「江戸城」も単独の建造物である城そのものを示すのではなく、江戸城を中心とした空間と地域を指すものとして用いているのである。

つぎに詳しく検討する大木喬任（おおきたかとう）と江藤新平（えとうしんぺい）による遷都意見でも、「江戸城」を「東京」と定めるというような、岡谷の意見と似た表現があるが、これも基本的には岡谷と同じ意味で使っている。

現代の私たちは「江戸城」といえば、江戸にあった徳川将軍の居城である城をさすものであると、狭い意味で理解している。しかし岡谷や大木と江藤、すなわち当時の人々はそうではなかった。広く、狭く、両様に使っていたのである。

一般に手軽に使われている漢和字典にも、城の意味をつぎのように説明している。

1．都市を取り囲んだカベ、その内側を城、外側を郭（かく）という。

2．城壁をめぐらした都。

このように広い空間で把握している。ようするに日本の近世の城のように、市街地の中心に城があるのではなく、市街地全体を取り囲む形で築かれた城壁、すなわち中国などの城郭都市をイメージして説明しているのである。

これからみてゆく大木喬任と江藤新平の意見は、あきらかに「江戸城」を広い空間を表すものとして述べているのであるが、同時に、権力や権威を表象するものとして「江戸城」という言葉が意識されていたようにも思われる。

「江戸」のままでよいのか

このような例を他で探すと、たとえば「関東」という言葉がある。私たちは関東地方というように、地域を指す言葉にほぼ限定して用いている。しかし幕末期には「関東」といえば、政治の文脈での話の中では、一般には徳川幕府をさす言葉としてつかわれるのである。「関東」といえば、徳川将軍や幕府を連想することになっていたのである。

同じように、江戸や江戸城も幕府や将軍を連想する言葉である。京都から都を移すという場合、大坂ではなく江戸へという話が現実の話題となった段階で、当然のごとく江戸という呼称が問題化したのではなかろうか。つまり、「江戸」のままでよいのか、ということである。

天皇と政府が、朝敵として討伐の対象とした旧将軍徳川慶喜の居城である江戸城に入り、旧幕府の本拠地である江戸を、新政府の根拠地とすることになって、そのまま江戸城や江戸という呼称を使い続けるとは考えにくい。征服者が征服した所に、新しい名前をつけるというほどではないにしても、この場合は呼称を変えるほうが自然のように思える。

そこで浮上したのが東京（東の京）だったのではないだろうか。すでに江戸を東都と表現することが常用となっていた時代である（園田英弘『「みやこ」という宇宙』）。東都よりも、もっと新鮮な響きがつたわる表現として「東京」が選ばれた、と考えることもできるのではないだろうか。

遷都がらみの話で、東京という呼称がもっとも早くみられるのが、つぎに紹介する大木喬任と江藤新平の主張による、いわゆる東京への遷都（実質的には両都設置）意見である。

大木喬任と江藤新平の意見

まず大木と江藤の意見をみよう。これは江藤と連名で、大木喬任が岩倉具視に、閏四月一日に提出した意見書である。その主要部分を引用しておこう。

> 慶喜へは成丈け別城を与へ、江戸城は急速に東京と被相定、乍恐天子東方御経営御基礎の場と被成度、江戸城を以東京と被相定、行々の処は、東西両京の間だ、鉄路をも御開き被遊程のこと無之ては、皇国後来両分の患なきにもあらずと被考候、且東方王化にそまらざること数千年に付、

> 於当時も江戸城は、東京と被相定候御目的肝要と奉存候、是は策略も謀略も入らざることニ而、公明正大に皇国の振合且皇威煌揚の基礎より、後来の患慮等まで、腹心をひらき慶喜へ御諭し相成候はゞ、必然慶喜拝承心服可仕候、於是右の通り、公然御普告、江戸を以東京と被相定候はゞ、東方の人民も甚安堵大悦可致候、去らば皇威を光張し、東方を鎮定し、後来を維持す、此れ是の間御処分如何に極り可申候、如此は其関係甚大なりとす、深く御考量奉希望候、鳳輦御東下無之ては此機会去り可申歟、鳳輦御東下の折に当り、徳川氏の悪政を順々御除き、深く下民の疾苦を御察し、極めて善美の政を御興被成度、所謂祭忠臣の墓、表孝子の門、田租を除き、癈疾を憫み、賢才の志を抜擢し、滞留の獄を決し、匹夫匹婦も其所を得せしめ、以て人心を収攬し、皇沢を下通す等、鳳輦御東下無之ては、是とてもうまくは行はる間敷、尤之を為は極めて人を得に可有之候（『東京市史稿』）

まず目につくのが「江戸城」を急速に「東京」と「定める」という表現である。これまで通説的にいわれてきたように、この東京という表現を、東京という地名であると解釈すると、「江戸城」が地名になるというおかしなことになってしまう。この点はあとでもう少し深く考えてみることにしたいが、今ここでは、大木と江藤は「江戸城」を地名をさすものとは考えていなかったということだけを述べておこう。

つぎに注目したいのは、「東西両京」の間に「鉄路（鉄道）」を建設するという構想を述べるように、東西二つの「京」を考えていることである。すなわち西の京＝京都と、東の京＝東京という発想である。

また江戸を東京と定めると、「東方の人民」も安心して、大いに悦ぶだろうと述べている点も見逃せない。東方の人民と、表現はやや固く大仰であるけれども、ようするに江戸を東京と定めると、江戸や関東さらには東北の民衆にいたるまで、大いに安心して喜ぶことだろうといっているのである。

なぜ東京と定めると、民衆が安心し、かつ悦ぶのだろう。

低い江戸の地位を上げ、西の都と同格の東の都とする

有名なこの史料は、大木喬任と江藤新平の東京遷都論であると一般にいわれてきたが、じつは文中に遷都という言葉は一箇所もでてこない。江戸城または江戸を東京にする、とは言っているけれども、京都から東京に都を移すという発想は、どこからもうかがうことができない。

この意見は、あきらかに、遷都論ではなく、東西に二つの都を置くという、両都論を主張したものであった。そして天皇が、この東西二つの都（「両京」）を移動して、政治を行うのである。「鳳輦」が「御東下」するというのは、天皇が江戸＝東に下ることである。

幕末に天皇・朝廷が浮上して、朝幕の力関係が逆転してから、京都から江戸に行くことを、それまでは江戸下向というのが一般的であったのが、ことさらに東下と言うようになった。高い京都から、低い東に行くという気分を表現した、きわめて政治的意味がこめられた言葉であった。

「鳳輦」の「東下」とは、天皇が低い江戸に下ることを意味している。そしてその江戸で、徳川幕府の悪政を除き、天皇・新政府の「善美の政」を施すというのである。天皇はある時期を見て、京都に帰り、しばらくしてまた江戸（東京）にやってくる。このように天皇は東西の京（都）を移動して政治を行う。だからそのために近い将来に両京を結ぶ鉄道の建設が見込まれているのである。

関東以北を低く見るという風潮は、王政復古の後に特に急速に高まる。王化のいきわたらぬ遅れた地であるから、天皇・朝廷に逆らったという文脈で語られるのである。「未だ王化のうるおわない」という表現が、現状や実態を語る言葉としてではなく、政府側の政治的アピール文に頻繁に見られるようになる。

「王化」の遅れた江戸・関東。そうした地方を見捨てないで、天皇が下ってゆき「善美の」政治を行う。しかもその低い江戸の地位を上げて、西の都（京都）と同格の東の都とする。このような恩恵を施すのだから「東方の人民」が安堵して、大喜びしないわけがない。およそこのように述べていたのである。

ずいぶん尊大な態度のようであるけれど、当時の政府側の政治的な発言は、このような言い方が珍しくない。力と力の争いに勝った、勝者の発言であり、その姿勢であった。ともあれ、このような意識がこめられて、「東京」の語が浮上したのである。

東へ行幸を

この意見書は、当時京都にいた大木喬任（軍務官判事）が江戸から帰ってきた江藤新平（東征大総督府軍監）から、江戸・関東の事情を聞いて、大木が草稿を書き、江藤が部分的に修正して、岩倉具視に閏四月一日に提出したものである。

一般には、江藤新平が起草した建白書のように書かれることがあるが、むしろ岡部精一が明瞭に「大木の意見」とする説に賛成したい（岡部精一『東京奠都の真相』仁友社、一九一七年）。岡部の著書には、現在失われてしまったとみられる史料をふくめて、多くの史料が参考史料として収載されており、大変役に立つ本である。

大木・江藤の意見が、正確には遷都論ではなく、両都論であり、天皇が行幸する場所として東京（江戸）を考えているということを述べてきたが、このあと、同じような意見がだされてくる。福岡(ふくおか)孝弟(たかちか)（土佐藩士、参与）と北島秀朝(きたじまひでとも)（水戸藩士、総督府大監察）のものがそれである。

福岡孝弟のものは閏四月一二日の建言で、江戸を「東都」とし、ゆくゆくは天皇が「親臨」して「東都行在」となされたいと述べている（『復古記』四）。また北島のものは閏四月二二日に岩倉具視に提出されたもので、太政官を仮に江戸城に置き、天皇が江戸城に行幸して、万民を治める基本を立てる、そして「彼の地を以て東京」と定めるべきである、というものであった（『岩倉公実記』中）。

福岡と北島の意見は、大木・江藤の意見と同じく両都論であり、将来あるいは結果として遷都につながったといえるだろうが、この時点では厳密な意味での遷都論ではない。そしてこれらの意見は、戊辰（ぼしん）戦争の遂行、具体的には徳川処分をふくめての、江戸・関東経営という目的、すなわち戦略と密接な関係のもとに主張されたものであった。

しかしともあれ、福岡の「東都」説をふくめ「東京」の説が強くとなえられ、かつ天皇の「東京」や「東都」への行幸を求めたことの意味は大きい。まさに現実に歴史は、彼らの主張にそって動いていったのである。

第三章　天皇と新時代の演出

1　江戸を東京に

行幸＝遷都への布石

遷都がおこなわれる過程で、まず大坂への長期の行幸（慶応四〔一八六八〕年三月出発）、ついで東京への行幸（明治元年一〇月到着）、そして京都に還幸（明治元年一二月出発）したあと東京に再幸（明治二年三月到着）し、ここで事実上の遷都となった。行幸は遷都への布石として行われていたのであった。

もっとも最初から、明確に遷都を目的としておこなわれたわけではない。そこらあたりの事情や事実経過を、これから明らかにしてゆこうと思っているが、そこで第二章で述べたことがらと少し重なることになるけれども、慶応四年の初頭まで戻って話を始めることにしたい。

鳥羽伏見戦争に勝利した新政府は、一月一〇日に前将軍徳川慶喜（とくがわよしのぶ）、会津藩主松平容保（まつだいらかたもり）、桑名藩主松平定敬、高松藩主松平頼聡、伊予松山藩主久松定昭、備中松山藩主板倉勝静らの官位を剝奪し、京都藩邸を没収した。そして彼らを朝敵とし追討令を発した。

このうち一月一四日に備中松山、以下二〇日に高松、二七日に伊予松山の各藩が開城・謹慎して謝罪を表明し、一月中に西日本の諸藩はすべて天皇と新政府に忠誠を誓った。この点は、動静のはっきりしない東国の諸藩とは、対照的であった。

そこで政府は、一月二八日の会議で「関東（幕府）追伐」を決議した。岩倉具視、大久保利通、西郷隆盛、木戸孝允、広沢真臣らが、主唱したものである。そして二月三日、天皇が京都二条城の太政官に、王政復古以来初めて行幸し「親征」を発令した。新天皇の最初の行幸は、このように軍事にかかわる政治的行為として行われたのであった。

しかしこの時、蜂須賀茂韶（議定・徳島藩主）や松平慶永（議定・前福井藩主）らは、天皇がこのように政治的な行為をすることに、懐疑的な発言をしていた。蜂須賀は、高貴な天皇はあくまでも宮中の奥にあるべきだといい、慶永は親征などは征討大将軍・仁和寺宮嘉彰親王に任せておけばよいといっていたのである。

行幸の本音＝天皇の心の啓発

慶永が、幼い天皇だから、今後は進んで臨幸し政務の場に出るように、慰みになるようお菓子でも差し上げたらよいなどといっていたように、たしかに天皇は幼すぎ、政務に携わるにはあまりにも経験がなさすぎた。そのうえ天皇自身、後宮から進んで外に出ようとはしなかったし、また天皇の周辺が、そうすることをさえぎっていたのである。

慶永や茂韶のような諸侯や一般の公家は、幼い天皇は、まだそれでよいと思っていた。しかし岩倉や大久保らの改革派の考えは、まったく異なっていた。表現が悪いが、強引にでも政治の場に連れ出すことによって、実際の場で、帝王教育を行ってゆこうというものだったのである。大坂行幸もそうした場のひとつとして考えられていた。

大久保や岩倉の、熱意をこめた主張が朝議を動かし、一月二九日には大坂行幸が内定した。二月一日の手紙で大久保はここに至るいきさつを、国許鹿児島の藩庁首脳に、つぎのように報告していた。

朝廷の数百年の間に積もり重なった「因循の腐臭」を一掃させるために、「浪華遷都の議」を起こし、地を鋤き、根を植え替える「断然一新」の改革を行おうと、日夜努力してみたが、まだ遷都の運びとはなっていない。しかし天皇が浪華に親征行幸することになった。そして天皇が自ら大いに軍議を起こし、列藩に号令し、天下の兵と海陸軍を動かすということが決まった。このように先ず根本さえ確定すれば、あとに続いてすべての改革がうまくゆくようになるにちがいない……（『大久保利通文書』二）。

こうしてようやく二月九日に、親征のため二月下旬に大坂に行幸することが発表された。また同じ日に有栖川宮熾仁親王を東征大総督に任命し、また沢為量を奥羽鎮撫総督に任命した。これは幕府の追討と奥羽の鎮圧・鎮撫を、天皇が先頭に立って、本格的に開始するという決意を表明したものであった。

大坂親征行幸と一般にいわれてきたように、この行幸は軍事面にひきつけて解釈されてきた。しかしながら本音の部分は、以下にみる伊達宗城（だてむねなり）の談話のところにあった。政府内の開明派の一人である伊達宗城（議定・外国事務局輔、前宇和島藩主）は、三月一日、兵庫に滞在していたイギリス公使館のアーネスト・サトウを訪問した際に、つぎのように話していたという。

行幸の目的は、年少の君主に多少なりと外部の世界や巨大なイギリスの軍艦を見せ、そのこころを啓発することにある……現在の首都の京都は周囲を山で閉ざされ、万事船による輸送にたよらざるをえないから、首都は大坂にうつされるかもしれない（萩原延壽『大政奉還　遠い崖』6）。

年少の天皇の「心を啓発」するためと、明言していたように、この行幸の真の目的は天皇自身の改革にあったのである。いまひとつここで注目しておきたいのは、この時点では大坂への遷都が、完全に否定されたのではなく、まだあり得るはなしとして語られていたことである。

大坂行幸の困難

大坂への行幸は、しかしなかなか実現しなかった。やはりというか、その準備の段階でいろいろな意見や障害がでてきたのである。天皇が行幸で長期間大坂に滞在するということになると、それなりの準備が必要である。なにしろ後醍醐（ごだいご）天皇の一四世紀前半以来、五世紀もの長いあいだ、政治にたずさわる天皇が、長期に皇居からでたことはなかったのであり、先例がないのに等しい。

幼い天皇に付き添ってゆく女官の、人数や人選にもてまどった。女官自身が遠い大坂に行き、なれない所で不自由な生活をおくることを嫌がっていた。それに天皇自身も、大坂に行ってなにをするのか、させられるのか、不安な気持ちも強かったであろう。

たとえば、大坂港天保山で海軍の親閲が予定されていて、その際に軍艦に乗って洋上を乗り回すことまで計画されたが、その通りにはならなかった。その理由となったのは、もともと天皇は、船は「御嫌」であるから断ったのだと、天皇の側近であった嵯峨実愛が日記に記している（『嵯峨実愛日記』二）。

しかしながら、このような天皇の個人的事情が、すべてに優先されたわけではなかった。たとえば三月二六日に挙行された大坂港の海軍親閲では、軍艦には乗らなかったが、富島浜から天保山まで安治川を「軽舸（舸は船）」に乗船して下った。天皇を船に乗せることも、大久保らが意図する、天皇の改革の一つだったのである。

大坂行幸は、三月二一日にようやく京都を出発となった。この日は石清水八幡宮に参詣して、同所泊。二二日、枚方から守口へ、同所泊。二三日、朝八時に出発、正午頃大坂八軒屋の和歌山藩邸で昼食をとり、午後二時行在所の本願寺津村別院（現在中央区本町四丁目）に到着した。京都から大坂まで、二泊三日の、そろそろと重病人を運ぶような、ゆっくりとした行程であった。天皇の体調を考慮してのことであろう。

京都への還幸は、閏四月八日。五〇日ほどの、画期的な長期行幸であった。行きは陸上のみであったが、帰りは、大坂八軒屋から熊本藩船に乗船し、淀川を淀までさかのぼった。帰りは淀に一泊のみ。改革は着々と進められていたのである。

ついに、江戸開城

さてこの間、前将軍徳川慶喜と江戸はどうなっていたのか。慶喜が江戸城を出て、上野の寛永寺に謹慎したのが二月一二日である。東海以西のほとんどの藩が、これまでに新政府の支持を表明したことが、慶喜を動かしたもっとも大きい要因であった。また天皇の親征宣言（二月三日）も、慶喜に追い討ちをかける効果があったと思われる。

三月一三日には政府軍大総督府参謀・西郷隆盛と江戸徳川家（すでに幕府はない）の最高幹部（陸軍総裁）勝海舟との間で、江戸開城についての話し合いが、江戸三田の薩摩藩邸でおこなわれた。そして四月一一日の江戸城の無血開城となった。

ただし課題はまだたくさん残されていた。江戸城をこれからどうするのか。江戸徳川宗家は誰が相続するのか。城地はどこか、江戸か駿府（静岡）か。領地は何万石なのか等々。つまりこれらの徳川処分にかんすることがらは、政府の方でもまだ確たる方針が立てられないでいたのである。

江戸開城の日に、品川港に停泊していた榎本武揚が率いる旧幕府（江戸徳川家）の艦隊が脱走した。

榎本は次のようにいう。徳川家の相続者が決まるまで、江戸城を田安亀之助に預けてほしい。徳川家の家名が立てられ、相続人が決まり、石高や領地が決まったら、軍艦と銃砲のしかるべき数を、政府に差し上げる。

榎本ら旧幕臣は、政府の徳川家処分を、強い関心をかたむけて見つめていた。旧幕臣のなかでも強硬派の分子は、もし処分があまりにも過酷なものであったなら、政府と一戦することも辞さないとする者も少なくなかった。それゆえ政府の側でも、徳川処分には慎重であった。

徳川処分が政府で本格的に議題とされたのは、四月二四日以降である。しかし行幸のため首脳部が大坂と京都に別れている上、江戸や関東地方の状況がよくわかっていない政府は、すぐには処分案をまとめることができなかった。

そうしているときに江藤新平（東征大総督府軍監）が江戸から京都に帰って、江戸・関東の情報をつたえた。そして江藤は大木喬任と相談し、大木と江藤の連名で、閏四月一日にかの有名な建白書を岩倉具視に提出したのである。そこには、慶喜には別の城をあたえ（移封する）、江戸城を東京と定めると書かれてあったのは、先に見てきたとおりである。

「東京」の浮上

江藤につづいて西郷隆盛が江戸の詳しい情報をもって、京都に到着したのが閏四月五日。京都の政府には岩倉具視、大久保利通、広沢真臣らがいる。そして大坂の天皇と、随行していた三条実美らが京都に帰った（還幸）のが八日。徳川処分の最終的な議論は、この日と翌日に行われた模様である。

徳川処分案がなかなか決まらなかったのは、政府内に様々な異論があったことも一因である。たとえば松平慶永は、旧領でもなく墳墓の地でもない駿府に移封することになっては、家臣団が承知しないだろう。ふたたび戦争となる恐れもある。また広い江戸は徳川家の家臣だからこそ統治が可能で、新政府の少ない軍政官では治安の維持も難しいだろう。だから江戸城はそのまま徳川家にあたえるべきであると主張していた。このように慶永は一貫して慶喜と徳川家を、寛典の処分に扱うべきだという説をくりかえしていたが、しかしこのような主張は、いまや政府内では少数派であった。

このころに書かれた、徳川処分にかんする大久保利通の建白書がある。そこで大久保は「東京の説をもって、駿府（静岡）へ移封」することを断然決議するべきであると主張していた（『大久保利通文書』二）。駿府への移封は、三条、岩倉、木戸、広沢、西郷ら政府首脳の共通した意向であったから、混乱もなく話はまとまった。

予測された結論であるが、ここで注目したいのは「東京の説」が、駿府移封の理由とされていることである。「東京の説」とは、どのようなことを言っているのだろう。東京はまだ誕生していないから、東京方面のとか、東京で言っている説という意味ではないことははっきりしている。ではどういうことなのか。

これは江戸を東京（東の京）とする説という意味で、あきらかに大木と江藤の建白書（東西両都論）

をふまえて言っている。「東京の説」というだけで政府首脳に意味がつたわったように、大木と江藤の建白は、政府内で十分に議論されたのだろう。

江戸を東の京とする構想があるのだから、江戸城を徳川家にあたえるわけにはいかない。こうして「東京」構想が、一挙に浮上したのである。処分案もきまった。1．相続は田安亀之助（五月一八日に徳川家達と改める）、2．禄高は七〇万石、3．城は駿府（静岡）、4．江戸城は朝廷のものとする、という内容である。

この処分案をもって、三条実美と西郷隆盛が江戸へ向かい、閏四月一一日に京都を出発した。品川着が二三日。このあと三条は関八州鎮将に任ぜられ、関東地方の統治の最高責任者となる。

幼年の天皇と政治

大坂での天皇は、三月二六日の海軍親閲に続いて、四月六日は大坂城で諸藩兵の調練を親閲、閏四月五日には大坂城で大砲発射演習を親閲と、軍事への行幸がなされた。

また四月九日に大久保利通を召して、時局について下問したのについで、一七日には木戸孝允と後藤象二郎を召し、海外万国の大勢について下問がなされた。「布衣（無位無官の者）にて天顔を咫尺（近く）に奉拝せし事、数百年いまだかつて聞かざるなり」と木戸は感激の言葉を日記に記していた。天皇をめぐる改革は、着実に進行していたのである。

京都に還幸してから二週間ほどたった閏四月二一日、政府は新しい官制（政体書官制）を公布し、正式に太政官が設置された。太政官は「天下の権力総てこれを太政官に帰す」とされる最高官庁である。そして太政官の最高官職として、天皇を補佐する輔相が設けられた。輔相に任命されたのは、三条実美と岩倉具視である。後に三条は太政大臣に、岩倉は右大臣に就任するように、この職の重さが、この人事によってわかる。

この翌日、こんどは天皇が「万機の政務」に直接かかわるという、一種の天皇親政宣言が太政官（政府）から布告された。積極的に政治に携る天皇の誕生である。その内容はつぎのようなものであった。

> 主上御幼年に被為在、これまで後宮御住居の御事に候処、先般御誓約（五ヵ条の誓文）の御趣旨も有之、傍の思召しをもって、以来御表御住居被為遊、毎日御学問所へ出御、万機の政務被為聞食候間、輔相より奏聞を遂候よう仰付けられ候……時々八景の間（輔相の詰所）へ臨御も被為在、御清暇（政暇）には文武御研窮……被仰出候事（『太政官日誌』）。

幼くて（といっても、もう数え年で一七歳であるが）これまでは女官にかこまれて、ほとんどを後宮で生活してきた天皇（主上）が、これからは毎日表の御学問所に出て政務を親裁するという声明である。なれない天皇の政務を補佐するのが、三条と岩倉の役目である。

ここで明らかになったように、ここまでの天皇は、日常的にはまったく政治とは無関係に近かったのである。王政復古となり、いかにも天皇を中心に政治や軍事が行われるようになったかのようでいて、実はそうではなかった。ここまでは総裁有栖川宮が「万機を総裁」する体制であり、政治体制としては天皇は形式的に最高部に座っているだけで、実態は天皇親政の体制ではなかったのである。

万機を親裁する天皇

この布告を私たちは、天皇の「万機親裁の布告」といっている。政治も軍事もすべて一切「万機」を「親裁（天皇が自ら裁決）」するという布告である。

先代の孝明天皇は、軍事はもとより政治も将軍に委任するといっていたのだから、天皇の親政を実際に行うのは後醍醐天皇以来のことである。そして万機であるから、後に大日本帝国憲法（明治憲法）で定められたような、天皇大権にかかわる政務を親裁することよりも、もっと広いことがらを親裁するというものである。

このような意味で、この布告は近代の天皇（象徴天皇以前）の出発点をしめしたものといえる。とはいえ布告の文言を見ればすぐわかるように、これは天皇自身の言葉で書かれたものではない。もっとも「幼年」の天皇が、自分でこのように発言したとしても、かえって現実味を失わせることにもなりかねないだろう。

この布告を私はつぎのように理解している。これは太政官布告であるから国民全体を対象に、これからはこのような天皇になりますということを宣言したものであることはもちろんである。しかしねらいはそれだけではない。もう一つの重要な点は、このような天皇になるように、天皇を教育し、またそのための改革を行いますという、政府全体の合意と決意の表明であった――そのような意味合いをこめたものであったと、私は考えている。

布告のなかで、あえて幼年といい、これからは「文武」の「研窮（究）」にも励みますと、わざわざ自戒と反省の言葉を公的に述べねばならなかったことに、天皇自身と天皇をめぐる私的空間によこたわっていた問題の深刻さが想像できよう。

さてこの官制（政体書官制）によって、はじめて本格的な政府機関とその組織ができた。明治太政官制の正式な誕生である。ここまでにも太政官という言葉は使われているが、それは通称であり政府の中心となる役所という意味であったにすぎない。

太政官の最高官職として輔相が置かれ、輔相が天皇を補佐する体制となって、天皇と太政官の関係も明確となった。天皇は個人的にかつ恣意的に政務にかかわるのではなく、太政官という最高政府機関の上に立って親政することになったのである。

こうして天皇と太政官は密接不可分のものとなった。そして当時の言葉でいえば帝都を論じる時には、皇居をどこにするかということと、太政官をどこに置くのかということが、もっとも重要な論点となってゆくのである。

そこでまず、親政することになった天皇の、行幸についてふれることから始めたい。

2　東京への行幸

「東幸の密事」を熟談す

生まれて初めて、京都の皇居から遠く離れた大坂への旅行と長期滞在。それを「幼年」の天皇がどのような気分で過したのだろうか。もし体調を崩したり、精神的な不安を訴えるようなことがあったなら、おそらく何かの記録にでてくるにちがいないから、天皇の側近や守旧派の老人どもが心配したほどのことはなかったようにみえる。

天皇は年相応の、青年としての活力があり、健全な精神の持ち主だったのである。天皇を新国家の元首としてふさわしい人物にしたいと、心から願っていた大久保らの政府首脳は、まずは胸をなでおろすとともに、新たな意欲がわいてきたのではなかろうか。

前節でふれた官制（政体書）改革と「万機」を親裁する天皇の宣言は、大坂行幸中の四月一六日に行われた政府首脳の会議で、基本構想が確定したものであったが、この会議の主要メンバーの一人である木戸孝允は、この日の日記につぎのように興味深いことを記していた。

制度を一変させるのだから、これからの天皇は、四方に自由に行幸するし、また大坂にはしばしば行幸されるようにしたい、と。ここで木戸が思い浮かべているのは、活発で行動的な天皇像である。

これは大久保利通が大坂遷都の建白で述べた、外国の皇帝のように、従者を数人連れただけで、身軽に動き回り、積極的に国民に接する、そのような国家にとっての望ましい元首像と一致する。

木戸の日記から読み取れる、もう一つの重要なことがある。それは官制改革によって、天皇を朝廷・後宮の因循の塊まりである旧勢力から解放することが、可能になると考えていたことである。いわばこれまでの「朝廷の天皇」を、「政府の天皇」へと奪い取る、その結果が、万機を親裁する天皇の誕生であり、その布告だったということなのである。

ところで、江戸であるが、五月一五日の上野戦争で、彰義隊（しょうぎたい）ほか徳川の残党が掃討され、二四日には徳川処分が終了（ここで、徳川家達を静岡七〇万石の城主として移封すると言い渡された）したことによって、江戸・関東方面の状況が大きくかわった。そのことによって天皇の行幸も、新しい状況に対応するものになった。

六月一一日の木戸孝允の日記に、岩倉具視の家にいって「東幸（とうこう）の密事を熟談す」と記されている。まだ江戸は東京とはなっていないが、これは秘密に属する東京への行幸について、熟談したということである。「東幸」にかんしては、このようにかなり慎重に計画が運ばれていた。

しかし、ここではっきりしたことは、江戸・関東の状況が大きく転換したことにより、天皇の行幸先の重点は、大坂や他の地方から「東京」にしぼられたということであった。

東京の誕生

政府内での会話では、すでに「東京」は日常的に使われる言葉となっている。この「東京」を、いかに意味付けをして、いつ、どのように一般に布告するか、ということが次の課題となっていた。そしていよいよ動きだす。

六月一九日、木戸孝允と大木喬任が「玉座」近くに召し出され、「勅書」をもって江戸行きを命ぜられ、親く（したし）「綸言叡語」（りんげんえいご）をいただいた。そして旧暦の六月下旬は夏の盛りだからと、「炎熱苦労」を慰労され懐中扇子（せんす）、煙草（たばこ）入れ、銀の煙管（キセル）が下賜された。

> 以江戸東京と被定の儀より、件々遠大の御内慮被仰含（おおせふくめられ）候通、速に東下、大総督宮三条輔相へ遂評議候上、復奏可有之（これあるべく）候

江戸を以て東京と定めることとしたいから、速やかに東下（江戸へ下り）し、江戸にいる東征大総督有栖川宮と輔相三条実美と将来のことなど色々と評議し、その内容を報告奏上せよ、という内容の勅書（ちょくしょ）である（『木戸孝允日記』）。

江戸を東京とする。そのために将来のこともふくめ慎重な配慮と、充分な評議が必要とされた。だから政府から要人（木戸、大木）が江戸に、しかも勅書をもって派遣されたのである。ことの重要さが、この事実にしめされていたといえよう。

また当然のことながら、木戸と大木は、天皇の「東幸」についても、当時江戸にいる、江戸・関東

の実情を把握している要人と相談することが、重要な役目であった。前にも述べたように、天皇が行幸する要地であるから、東京とする、ということだったのである。

二三日に大坂を出港した木戸と大木は、二五日朝、品川に到着した。そしてこの日の午後から相談が始められた。二七日の木戸の日記によれば、この日の朝、木戸、大木と上野戦争を指揮した大村益次郎、そして一足先に江戸に来ていた大久保利通が「此度の要件を密議」した結果「大略一に帰」した。その上で輔相三条実美を加えて「細に評議」した結果「異論」なく話がまとまった。大久保の日記には「御同論にて御決定」とある。

こうしてこの日、二七日、事実上「東幸」が決定し、江戸が「東京」となることが決まった。まだ政府内でのことであるが、ここで東京が誕生したのである。翌日の大久保の日記によれば「東京御発表の上は東京府と御布告の事」とあり、今後の統治・行政機構についても評議が行われていた。

木戸と大木は、七月七日に帰京し、翌八日に岩倉具視に詳しく報告した。次の課題は、「東幸」と「東京」を、いつ、どのように公表するかである。

江戸を東京と定めた詔書

あとで述べるように、「東幸」にかんしては公家や諸侯からの慎重論が強く、公表するまでに時間を要したが、「東京」については異論がなく、七月一七日に詔書をもって、江戸が東京と定められた。その詔書の全文を引用しておこう。

朕今万機を親裁し、億兆を綏撫す、江戸は東国第一の大鎮、四方輻湊の地、宜しく親臨以て其政を視るべし、因て自今江戸を称して東京とせん、是朕の海内一家東西同視する所以なり、衆庶此意を体せよ（『明治天皇紀』一）。

まず万機を親裁する天皇（朕）が、万民（億兆）を安んじいたわる（綏撫す）と、天皇の大局的立場が宣言され、ついで江戸の地が東国ではもっとも重要（大鎮）である点が述べられる。そこに天皇が親臨して統治（政を視る）する。よって、これから江戸を東京と称する。これは朕が全国民を一家と視て、東と西を分けへだてることをしないということである。だから東京と定めるのであり、この意味を万民（衆庶）はよく理解しなさい。以上が詔書がつたえようとしていたことの全てである。

「称」は、となえる、よぶ、名づける、という意味。すなわち、この詔書では、これから以後は江戸を東京と名づけるというのである。なお、一〇月一七日に布告された詔書（氷川神社を武蔵国鎮守勅祭社と定める）では「新置東京」と表現している。これは以前には江戸と呼ばれた都市空間に、新に都としての東京（東の京）を置いたという意味になる（『明治天皇紀』一）。

政府首脳の考えや、詔書に表された表現を正確に読み取ると、これまで多くの書にみられた、江戸という地名が東京という地名にかわったように受け取られる「江戸を東京に改称した」という表現は、適切ではないことがわかるであろう。正しくは「江戸を東京と定めた」というべきである。

くりかえすが「東京」は東の京の意味である。西の京＝京都にたいする、東の京＝東京なのである。

これによって東京（旧江戸）は帝都・京都とほぼ同格となった。西の都と東の都といってもよいだろう。

また東西の都であるから、両都である。ただし太政官は京都に置かれているから、〈首都〉は京都であり、京都と東京ではまだ差がある。したがってこの詔書をもって、遷都がなされたとする見解も誤りである。

勝海舟（かつかいしゅう）は八月一日の日記に「主上（天皇）、東府へ時々臨幸これあるべく、故に東京と称すべく云云」と書き留めている。東幸の計画を政府の誰からか聞いたのかもしれないが、東京となった意味を正確に理解している。さすが勝海舟という印象である。このようにまさに天皇が時々に行幸する場所であるから、東の都＝東京となったのである。行幸と「東京」は不可分の関係だったことを、改めて強調しておきたい。

以上のように東京は詔書をもって正式に誕生した。詔書は天皇の命令や意思を国民に伝え下す、そして大事に際して発せられる、もっとも重い天皇の文書である。東京はそれだけの重みをもって誕生したのであった。そしてつぎなる課題は、東京への行幸である。

なぜ東京に行幸するのか

行幸には何のために行幸するのか、はっきりとした目的があってなされる。孝明天皇の賀茂社行幸は攘夷祈願のためであったし、この後でなされた明治天皇の行幸も、たとえ遊びの場合でも鴨猟のためとか観劇や競馬見物のためとか、理由が明確にされる。

天皇睦仁（これからは明治天皇とする）の大坂行幸も、政府首脳の目的の一つは、天皇自身と朝廷の改革にあったのだが、公的な名目は、親征行幸であった。では東京行幸の目的は何であったのか。大坂行幸とは、はっきりと違うものと意識されていたのである。

「東京」と「東幸」について木戸、大久保、三条らが評議したあと、木戸が京都にもちかえって輔相岩倉具視に提出した輔相三条実美の奉答書があるが、そこにはつぎのような注目すべき意見が述べられていた。

「東幸」は「親征」の名目と目的でなされるべきではない。「東幸」の上は大いに「皇基」を立て「賞罰」の二つの権をもっぱら親裁するべきである。関東の人心の鎮定はこの「御一挙」にある。「断然御決議」し、すみやかに御発輦し、「東方疾苦」の人民をあわれみいつくしんでもらいたい（『松菊木戸公伝』上）。

このように東京行幸は、東方に攻めのぼって来るような印象となる、大坂親征行幸のような《親征》を名目とした行幸ではなく、平和と人民をいつくしむ統治を行うための《親政》を目的とするべきであるといっていた。すなわち天皇自身にかんしても、親征する武力のシンボルから、親政する平和のシンボルへと、イメージの転換が計られていたのであった。

木戸孝允の日記を見ると、七月二八日には「東幸」が、政府内で内々ながら決定となった。翌日には、「東幸」を布告する草案を自分で書いたと記している。そしてようやく八月四日に、東京に行幸することが布告された。ただしそれが何月何日になるのか、まだはっきりとできない。

木戸がついつい日記で愚痴を述べざるをえないように、「緩急」論や「俗説」が障害となっているのである。それらを代表するのが、松平慶永、中山忠能、大原重徳(おおはらしげとみ)らの、いつもの守旧派であった。彼らの主張は、幼い天皇の健康が長旅の東幸には心配であること、まだ東北や北越の戦乱が完全にはおさまっておらず、いつ、いかなる変事が起こるかわからないこと、また財政難の折に東幸は、あまりにも金がかかりすぎること等々であった。

彼らの主張はもっともな面もある。しかしそれでも今行わなければならないとするのが木戸や政府首脳の立場であった。また頑固老人といえども、ここにいたっては、東幸そのものに反対していたのではなかった。もう少し遅くということだったのである。これではとうてい説得力をもちえない。

京都と東京の位を転換する意見

八月一三日、政府は東京行幸の経費を、約八〇万両と試算した。そして政府はこの年五月に発行したばかりの紙幣である太政官札（金札）を、東幸の沿道諸藩に貸与して流通をうながし、正貨の不足を補うこととした。また関西以西の諸藩の裕福な人々に正貨を差出してほしいと協力を求めた。その結果、ようやく九月までに、およそ一〇〇万両の正貨を調達することができたのであった。

かくて政府は二八日に、ようやく東幸の期日を九月中旬とまで決めて、東海道を通行するむねを布告した。ところがまたしても問題が起き上がった。徳川慶喜や徳川家達と旧幕臣らの静岡移住を見届けた榎本武揚が、艦隊を引き連れて八月一九日に品川を脱走したことが京都にもつたわって、再び慎重論者の反対の声が高まり、東幸の期日はまたまた確定することが難しくなったのである。

このような京都の状況が東京につたえられる。ついにたまりかねた三条実美は、大久保利通に京都行きを命じた。そして大久保は九月九日に東京を発つ。いまや三条は、東幸をもっとも強く主張する人物となっていた。それればかりではない。彼は京都よりも、日本の将来にとっては、東京の方を重視するべきだという主張さえしていたのであった。

三条は京都の岩倉具視に次のように書き送っていた。

……永世の基礎、神州の根拠は必ずこの地理（東京）しかるべしと存じ候、政府は当地（東京）に御移し、東西賓主（客と主人）の位を転ぜられ候方、御長策と存じ候……（『岩倉公実記』中）

三条は政府を京都から東京に移し、東京を主人とし、京都を客のあつかいにするべきであるといっていたのである。これは明白に、帝都を京都から東京に移すという意見である。

また続けて次のようにもいう。今回の東幸は、しばらく滞在したうえで京都に帰るが、来春には再び東幸（再幸）して、その時はきっと「永世不抜の御基礎」を建てるようにするべきであると。遷都という表現は見られないが、これは事実上東京への遷都を主張していたと見ることができよう。

東京への遷都にかんしていえば、三条はこのように急進論の先頭に立っていた。このかぎりでは岩倉も遠くおよばない。あとでも述べるが、三条は天皇は場合によっては京都に還幸しなくてもよいとさえ主張していたが、岩倉は京都に対してそれでは済まぬという意見であった。名門公家の三条が、下級公家の岩倉よりも、割り切り方がはっきりしていたのである。

岩倉具視には京都にたいする特別な感情がある。話はずれるが、遷都となったあと、当然のごとく京都はさびれていった。そうした京都をなんとか復興させようと、たとえば嵐山保勝会を組織したりして、努力をかたむけたのが岩倉である。この点にかんしていえば三条は京都に対して淡泊であったようにおもえる。

このような両者の京都と向き合った際の、スタンスのとり方の違いは、どういうところから出てくるのだろう。単に個性の違いということなのだろうか。

東幸と伊勢神宮の大鳥居

大久保利通は、一二日に大坂着、この夜九時に乗船して淀川をのぼり、一三日の午前一〇時ころ伏見に上陸した。そして午後一時に京都に着き、すぐ太政官に出て会議に出席、三条実美ら東京の要望をつたえた結果、その場で東幸の期日は九月二〇日と決定した。

このいきさつを、後に大木喬任は「愚痴の寄り合いは良薬もなく、大久保の一服」で瘤のような病気がようやく治って東幸となった、といっている（『東京市史稿』皇城編）。大久保の迫力ある熱弁が想像される回想談である。

この間、八月二七日に、即位の礼が挙行された。大嘗祭(だいじょうさい)は東京で行われたから、京都でなされた明治天皇の、最初で最後の重要儀礼であった。ついで九月八日に明治と改元し、一世一元の制を定めた。明治の元号は、あらかじめ二、三の候補を選んでおいて、最終的に天皇が籤(くじ)をひいて決めたものである。

九月二〇日午前八時、天皇は鳳輦(ほうれん)に乗り、御所を出発した。岩倉具視、中山忠能、伊達宗城、木戸孝允、大木喬任ほか、総勢で三三〇〇人余りが従った。沿道の京都の人々は、拍手をもって天皇を送ったという。

この日は大津泊り。そこにかの老人大原重徳が馬で駆け込んできた。伊勢神宮の大鳥居が倒れたと急報があった。これは神様が東幸に警告を発したしるしである。今すぐ東幸を中止されたい、と大原は岩倉具視にせまった(『明治天皇紀』一)。

大鳥居が自ら倒れたのか、誰かが倒したのか(後で届けられた伊勢神宮からの報告では、鳥居の根元が腐っていたとある)、大原老人にとってはどちらでもよい。ともかく神慮を理由にして、東幸を阻止すればよいのである。しかし岩倉具視に簡単にいなされて、すごすごと京都に帰らざるをえなかった。岩倉のことだから、あるいはこんな事も起こりえると、計算、予測のうちの一つだったのかもしれない。

天皇は連日のように、沿道各地の高齢者、孝子、節婦や公益事業の功労者等を褒章し、あるいは災害にあったものに金品をあたえた。慈悲深い天皇であることを、自らの行為で示していた。この総計は一万一千人余り、総額で一万一三〇〇両余りにものぼった。これらに要した費用は、京坂の富商である、三井次郎右衛門、山中善右衛門、広岡久右衛門、長田作兵衛、殿村平右衛門等を御東幸御用掛りとし、かれらに負担させたものであった。

3　東の京の天皇

天皇と民衆の距離

東幸は明治天皇と民衆が接する最初の機会となった。大坂行幸の際における沿道の民衆は、板輿（いたごし）の屋形（やかた）のなかに座っていた、直接には見えない天皇を、目撃しただけであった。今回の行幸（東幸）も、沿道の民衆のほとんどは、屋形のなかの天皇を想像するしかなかった。しかし数は少ないが、天皇の身近に民衆が接近する天覧（てんらん）イベントが行われていたのである。

九月二七日、名古屋の熱田神宮（あつたじんぐう）に参詣した天皇は、そのあと浜新開松原（熱田八丁畷（なわて）、現名古屋市瑞穂（みずほ）区）で、農事天覧と称して農民の稲刈りを見物した。そしてこの稲刈りに参加した農民に対して、土地の老舗（しにせ）の和菓子屋に作らせた、三〇〇個あまりの菊の紋章入りの特製饅頭が、褒美として下賜された。

農事天覧のようす（小田切春江画／名古屋市博物館蔵）

絵に描かれた、この農事天覧の模様を見る限りでは、天皇が板輿から外に出たかどうかはっきりせず、また農民との距離も、それほど近かったようにもみえない。しかし問題は、そのような物理的な距離にあるのではない。天皇と民衆が一緒に、そのような場にいること自体が重要なのである。近世以降の天皇で、このようなことが行われたのは、これが最初であった。農民に接近する、身軽で行動的な天皇イメージの演出である。

一〇月一日、浜名湖の西の白須賀（しらすか）と新居（あらい）の間の汐見（しおみ）坂で、天皇は遠州灘の「巨浪」に接した。中世以降の天皇で太平洋を見た最初の天皇であると『明治天皇紀』は記す。一〇月四日には、幕府が橋をかけることを許さなかった大井川に、初めて架橋して、その板橋を渡った。これは歴代将軍とはことなる最高権力者の天皇であることを主張していたのである。そして当然、そのようにアピールして川を渡る天皇を、民衆は見つめていたのである。

前日、箱根を越えて小田原に泊まった天皇は、一〇月九日、藤沢に向かう途中、大磯の海岸で地引き網を天覧した。この時、網に掛かった魚を、海水をいれた大桶に入れて、漁民が褌(ふんどし)だけの姿で天皇のまえに持ってきた。裸のまま「われを忘れてかかえまいり」と木戸孝允が日記に記しているから、これはハプニングだったに違いないが、天皇はすこぶる喜んだという。作為のない思いがけない出来事に、若い天皇は自然に対応していた。天皇は改革のなかで、着実に成長しつつあったのである。

スペクタクルと錦絵

一〇月一三日朝、品川を出発した天皇は、芝の増上寺で休憩し、板輿から鳳輦に乗り換えた。品川に迎えにでた大総督有栖川宮と三条実美も行列に加わった。供奉(ぐぶ)の親王、公家、諸侯は衣冠帯剣、その他の政府要人は直垂(ひたたれ)帯剣で、皆馬上で随った。朝廷の衣冠の礼はこのようなものである、ということを人々に示すためで、岩倉具視の発案であった。

行列の先頭で、伶人(れいじん)（雅楽の奏者）が音楽を奏でながら先導した。天皇は新橋、京橋、呉服橋を経て、和田倉門を入り、午後二時すぎに江戸城に入った。往来の両側をうずめた群衆は「幾十万」とも

東幸のようす（「東京府中橋通街之図」／東京都立中央図書館蔵）

知れずと木戸孝允は日記に書くが、あながち誇張ではなく、近郊からの見物人も群れをなして、身動きもできないほどであった。

天皇はまぎれもなく、この東幸というスペクタクルのスターであった。史上最大規模の、そしてもっとも壮麗な行列であった。将軍の上洛や大名行列といえど、これほどの華やかさはなく、規模も小さい。岩倉具視をはじめとした政府首脳が考えた、このスペクタクルの演出は見事に成功し、観客の心をとらえ、全国の注目をあつめたといえよう。

この東幸の模様は、錦絵によって、現在の私たちにも、ある程度の想像が可能である。とはいえ錦絵に描かれた、とくに東幸の行列の模様は、フィクションのものが多い。じつは錦絵は行幸の模様を実際に見て描いたのではなく、想像して描いたものが多いのである。早いものだと八月中に、東幸の錦絵が発行されている。

錦絵の作者や発行元は、八月四日の、天皇が東京に行幸するという政府の布告を知ると、すぐその模様を想像して錦絵に描いて発行した。この場合の錦絵は、今でいうならさしずめビッグイベントの予告ポスターのようなものと考えたらよいだろう。買い求める方も当然知っていて、それを承知の上で、民衆も想像の世界を楽しんでいた。錦絵とはそのような性格のものなのである。

東幸の錦絵は大ヒットとなった。現在まで伝えられ残されている、多くの東幸を描いた錦絵がそのことを物語っている。人々は錦絵を囲んで、天皇と行幸について話しあった。あるいは天皇が行幸する東京は、やがて京都にかわって帝都となるかもしれないなどと噂しあったのかもしれない。

これは東京や関東の民衆だけの話ではない。錦絵は江戸・東京土産として広く人々に親しまれてきたものであるから、この錦絵は関東ローカル版ではなく実質的には全国版だったのである。日本全国の民衆が、天皇と東京行幸に視線を向けていたのである。

見えない天皇、見える天皇、見せる天皇

このように東幸は直接あるいは間接に、天皇と民衆との接点をつくった。このことは日本という国の天皇のあり方と民衆を考える上で、大変重要な問題を提起している。もっと問題をしぼって分かりやすくいえば、視覚という問題から見た、民衆と天皇である。

第一章で述べたように、近世において記憶に残る天皇の行幸は、一六二六（寛永三）年の後水尾天

皇の二条城行幸と、それ以来、二三七年ぶりに行われた一八六三（文久三）年の孝明天皇の賀茂社と石清水八幡宮への行幸だけである。御所の外への行幸といっても、御所から二条城と賀茂社では、我我が今歩いたら三〇分くらいの距離の、ごく近い所へのものである。

また行幸の際には鳳輦に乗り、沿道の民衆からは天皇の姿を見ることができなかった。近世の天皇は（実際は後醍醐天皇を例外として、九世紀はじめの嵯峨朝のころから）御所の奥深くで生活する、「動かない」そして「見えない」天皇となっていたのである。孝明天皇でさえ、賀茂社行幸と続いて行われた石清水八幡宮への行幸から以後は、御所の外に出ようとはしなかった。

九世紀からこのかた、天皇は「見えない」存在であった。近世の天皇も、民衆の目にはほとんど見えなかった。孝明天皇も例外ではない。天皇としての存在は主張し誇示しようとはするけれど、それは武家に対してのものであって、民衆に姿を見せようとはしなかったのである。大久保利通が大坂遷都の建白書で主張したのは、まさにこのような天皇を改革しなければならぬとするものであった。

明治天皇の行幸は、「見えない」天皇を「見える」天皇にするためになされたものであった。大坂への行幸は、民衆にとっては、まだ充分に「見える」とはいえなかった。しかし東京行幸は、いまみてきたように、明らかに民衆を意識した、新しい意図が加えられていた。政府の首脳部は、民衆に「見せる」天皇を演出していたのである（拙稿「明治天皇の巡幸と臣民の形成」『思想』八四五号）。

もっとも「見える」といっても、農事天覧の際でもそうであったように、天皇の全身が見えていたわけではない。また顔の輪郭さえ定かに見ることなど、とてもできるような距離ではなかった。しかし民衆は《そこにいる》天皇を見て確認していた。沿道の民衆は、板輿の中にいる天皇を見ていた。遠い地方の民衆は、錦絵の中の鳳輦に乗っている天皇を見ていた。天皇の身体の細部ははっきりしないけれども、そこに天皇がいることは見え、確認できたのである。

近世の天子（近世では、一般に天子といっている）が、御所の奥深くヴェールにつつまれて、いるのかいないのか、京都の町民をのぞけば、一般の人々にとってはあまりにも「見えない」存在であったのにくらべて、明治の天皇は、現実に「見える」存在となっていた。

これは革命的な変化である。そしてその革命を行ったのが、国家のシンボルとして、国民に天皇を「見せる」ことの重要さを痛感していた、大久保や木戸、三条、岩倉らの明治国家の創業をになった政治家であった。

東京城を皇居に

一〇月一三日、天皇は江戸城に入った。ちょうど一年前のこの日は、将軍慶喜が二条城で大政奉還の意思を諸藩の重臣に表明した日であるとともに、討幕密勅が薩長両藩に出された日でもある。この日を、岩倉や大久保が忘れるわけがない。一年の間におこった歴史の劇的な変転を、思い出しつつ、かみしめていたのではないだろうか。

この日、江戸城を東京城とあらため、皇居とすると布告した。京都の御所も皇居であるから、皇居が東西二ヵ所となった。東京は帝都・京都に、さらに一歩近付いた。ついで一七日に「皇国一体」を「東西同視」し「内外の政」を親しく聴く（聞いてただしく裁く）との詔がだされた。

『明治天皇紀』はこれを「万機親裁の詔」といっている。実はこの章のはじめでふれたように、閏四月に「万機親裁」の布告がなされていた（一〇五ページ）。ではそれとの関係はどうなのか。手短に説明すると、さきのものは政府の声明（布告）であったが、今度のものは天皇自身の言葉（詔）として示されたという大きな違いがある。

数年前まで日本を支配していた権力者（将軍）にかわって、その居城に入り、城の名前も変えて自分のもの（皇居）と宣言した天皇が、朝敵（幕府）の本拠地であった東の地方も差別せず、西と同じようにあつかい、内政外交ともに親裁・親政すると宣言していたのであった。この詔は天皇自身によって、東京で改めてだされたというところに、大きな意味があったのである。

もはや天皇は「幼年」だなどとはけっしていわない。日本の最高の権力者として登場していた。とはいえ「朕は国家なり」という言葉を体現したフランスの国王ルイ一四世のような、絶対君主となったのではない。「幼年」の天皇からわずか半年たったばかりなのである。「天皇親裁」は基本的にはたてまえである。実際は太政官の最高官職である輔相に就任した三条実美と岩倉具視が、天皇を補佐して政治を行う、これが万機親裁の体制と実態だったのである。

天皇が東京に着いた一〇月一三日、大久保利通はこの日の日記に「鳳輦二時御着輦、御行列壮麗、ていた。政府軍が東北から東京に凱旋したのである。

天威堂々」と記し、さらに「此時、奥羽平定官軍、凱歌を奏し帰府、数千、あにまた偶然か」と書いていた。政府軍が東北から東京に凱旋したのである。

大久保は「偶然か」というが、そうではないだろう。天皇の東京到着にあわせて政府軍が凱旋したのである。大久保は深く関係してはいなかったであろうが、これも東幸の演出のひとつであったと考えたい。すなわち天皇は、武力をかざして東京に乗り込んできたのではなく、内乱（戊辰戦争）を鎮定した、新しい平和国家の元首として、東京に登場したものであることをアピールする演出だったのである。

お酒びらきの民衆

一一月四日には、東幸のお祝いとして東京の市民にお酒が下賜（かし）された。全町を大中小に分け大町一町に三樽、中町には二樽、小町に一樽ずつそれぞれ配られた。東京府の役所（幸橋門内の旧大和郡山藩柳沢保申（やなぎさわやすのぶ）邸）で酒樽を受け取った町の代表は、樽を荷車に積み、旗や幟（のぼり）をかざし、太鼓や鉦（かね）の囃子（はやし）とともに各町内に持ち帰った。その総数は二九九〇樽。スルメ一七〇〇把がつけられていた。

翌日から東京中が、飲み食い歌いかつ踊り狂った大乱舞となった。その模様を東京神田の町役人斎（さい）藤月岑（とうげつしん）は次のように活写している。

頂戴のお酒びらきとて家業をば大方休み、車楽（だし）伎踊（おどり）等を催し、日夜をいはず戸々に宴飲舞踏して東方の白きに驚かるも多かりし、其さま神事（しんじ）の如く（『増訂武江年表』）。

山車（だし）が出、芸者の踊りがあり、町の人々は明け方まで、飲み、食べ、踊りあかした。その様子は、まるで「神事」すなわち神を祭る祭礼のようであったという。斎藤月岑が神事といえば、それは神田（かんだ）明神（みょうじん）の祭り、当時日本で最大規模の賑（にぎ）わいをみせていた神田祭りである。お酒びらきは、あたかもその神田祭りのようであった。

江戸・東京の民衆にとって、神田祭りは特別のものがある。気の入れ方が違うのである。その熱狂が三日も、町内によっては四日も続いたという。下賜された樽入りの「天酒（てんしゅ）」といえども、三日も四日ももつわけがない。だから東京の民衆は天酒・樽酒が空いたら、あとは自前で神田祭りのような祝い酒をやっていたのである。

民衆はあてがわれた樽酒を、ただ単に飲みまくったのではなかった。自主的に祝っている面があった。東幸を慶事であり祝うべきものとして受け止めていたのである。ただしこの熱狂は、ただ単に天皇が東京にやってきたから、それを有り難く思って祝っていたとみてはならない。東京の民衆にとって、天皇はまだ遠い距離感のある存在である。京都の民衆が天皇に対してもつ特別な感情とは違うものがある。

京都の町民と天子

歴史の本にもそんなに書かれないから、一般にはあまり知られていないようであるが、近世の京都（および近郊）の人々にとっては、天皇（天子様）は年中行事のなかで、たいへん身近に意識される存在であった。

たとえば、宮中（禁中）の年中行事のなかで、正月一九日には舞御覧の行事があった。紫宸殿の前庭に舞台がつくられ、朝から夕方まで舞楽（雅楽に合わせた舞）が演じられたが、これを紫宸殿の真ん中にかけられた御簾のなかから天皇が公家と一緒に見物した。

この舞楽を見物することが、一般の人々にも公開されていたのである。民衆は禁裏御所を囲む塀の、東南の門・建春門（日の御門）の脇につくられた穴門から入って、承明門（この内側が紫宸殿の庭）の外から、内部の庭で演じられる舞楽を見物することができた。見物する人々は、御簾のなかにあって姿はほとんど見えないけれど、そこに天子が座っていることを知っていたのである（下橋敬長『幕末の宮廷』）。

このほかお盆には、清涼殿の廊下に陳列された灯籠の見物が許され、節分（旧暦では年末の行事）には内侍所（神璽の鑑をまつる所。一三四ページ参照。建春門を入った北側にあった）への参拝も許されていた。いずれも穴門から入ったのであるが、ようするに民衆が出入りするための専用の門がつくられており、京都の人びとはこのように、生活の節目の行事のなかで、御所と交流をもち、そこで天皇の存在を身近なところで意識していたのである。

天皇（天子）は、御所の外には出なかったが、町民が御所にはいることには寛大だった。こうしたなかで、京都の町民と江戸・東京の町人とでは、天皇にたいする気持ちの持ちようにおいて、おおきな違いが生じていったと考えるほうが、自然であろう。

さびれた江戸の復興する道

いっぽう、東京の民衆は、現実を見つめていた。江戸・東京は幕府の崩壊後、急速にさびれつつあり、市民は危機感を深めていた。江戸は〈首都〉の座から追われ、京都が事実上の〈首都〉であり帝都となった。この先、江戸はどうなることだろう。威勢のいい江戸っ子も、さすがに元気をなくしていた。

江戸の荒廃は、とくに武家屋敷が多い山の手が激しかった。新政府軍としてやってきた土佐藩の従軍医師広田親厚が、三月一五日に江戸見物にでかけた。赤坂から霞ヶ関をとおり鍛冶橋の土佐藩邸にきてみたところ、「人跡なく、春草蔓生して狐狸（こり）の栖（すみか）」となっているのに驚いた。ほかの藩の屋敷も同様で、壁が落ち、廃屋同然で、通りすがりの人に尋ねると、諸藩の邸は「湯屋の薪」になっているという。盛り場も人影がすくなく、店番は居眠りしている有様であった（『土佐藩戊辰戦争資料集成』）。

江戸は武士の町である。なのにそれぞれの国に引き揚げて行って、武士がいなくなったのである。武家出入りの商家をはじめ、武士を相手にしてきた商売は、軒並みに店仕舞い寸前となっていた（『増訂武江年表』）。以前の賑わいがめざましかっただけに、江戸っ子にとっては、すたれてゆく実感も深刻なものがあったにちがいない。

そうした時に東幸である。京都と並ぶ東の京であることが現実のこととなったのである。江戸は見捨てられなかった。江戸・東京が以前のように賑わいをみせ復興する道が、東幸によってはっきりと見えてきたのである。東京の市民は、まずそのことを第一に祝っていたのだと、私は思う。東幸を祝うとは、そのようなことだったのである。

4　京都還幸をめぐって

猛烈な帝王教育

東京城の天皇は、長旅にもかかわらず、のんびりとしてはおれなかった。京都のころとくらべれば、それこそ猛烈ともいえそうな帝王教育が始まったのである。一〇月二〇日に決まったカリキュラムは、およそ次のようなものである。

二と七の日	午前、習字	午後、史記の講義
三と八の日	午前、保建大記の輪読	午後、乗馬
四と九の日	午前、習字	午後、神皇正統記輪読
五の日	資治通鑑講義	
一と六の日	休み	

のちに明治天皇が乗馬を好んだのは有名で、その出発点がここであるが、どうやら天皇は、最初から乗馬が好きだったようだ。『明治天皇紀』によると、一一月中に九日、一一日、一三日、一五日、二一日、二六日、二七日、の各日に吹上（ふきあげ）御苑で乗馬したとある。これは休日（一・六日）にも行われており、三・八日の通常の乗馬訓練とは別なことが分かる。多分、自分から進んでおこなった乗馬練習であろう。

このとき大久保利通等の政府首脳が望んでいたことは、天皇がヨーロッパ君主国の国王や皇帝のようになることであった。その皇帝は軍事（陸海軍）の統括者でもある。当然に天皇も、そのような人格となることが期待される。だからまず陸の乗馬であった。そしてつぎは海の軍艦なのである。陸海軍の統率者としての天皇イメージである。

一一月二八日、天皇は品川の海に浮かぶ軍艦・武蔵に搭乗し、ついで富士艦に乗り移り、品川沖を航海した。大坂行幸の際には、頑固老人公家の反対もあって川船に乗っただけであったが、ここでついに天皇は海に出たのであった。大坂行幸につづいて東京行幸においても、天皇自身と天皇をめぐる空間の、大改革が行われていたのであった。

天皇の乗った富士艦を迎えて、アメリカの軍艦が祝砲を放ち、富士艦もこれに応じた。そばに付き従っていた天皇の外祖父中山忠能老人は、轟音に驚愕・仰天（『中山忠能日記』四）していたが、天皇は泰然自若（たいぜんじじゃく）としていた。若いだけに順応力も高いのである。軍艦試乗をおえて上陸した天皇を、一同は万歳を唱えて迎えた。「海軍興張の基本相立候瑞表なるべし」と大久保利通はこの日の日記に記して、本音を述べていた。

海路か陸路か

大久保の構想にあるように、天皇の軍艦試乗は、将来の日本海軍の建設・興張をにらんでのものであったことはたしかであるが、じつはもう一つの問題ともからんでいたように思える。それは、京都への還幸を、海路にするか陸路をとるかという問題であった。

海路を主張したのは、三条実美や大久保ら政府首脳だったが、その理由は、陸路では冬期の箱根越えが難関であり、また費用も陸路のほうが多くを要するから、清水港かあるいは伊勢の鳥羽港まで汽船でいったほうがよいというものであった。鳥羽までといったのは大久保利通である。軍艦試乗は海路還幸の予行演習の意味もあったと思う。

大久保は今回の還幸のみではなく将来も、天皇行幸の際には海上の道をとることを希望していた。それは天皇自ら積極的に近代文明を摂取するという姿勢を示すことであり、天皇が汽船を利用する方向を定着させることによって、汽船の重要性の認識を、政府内外にも広く高めようと意図したものであった。そうすることによって、あまりにも貧弱な日本の海軍を、改革・建設してゆくための、気運を作り上げてゆこうというものである（『大久保利通文書』二）。

海路還幸に強く反対したのが中山忠能であった。中山は次のように主張する。天皇ひとりなら自身が汽船で行くといえばそうしなければならないだろうが、剣璽（草薙剣と八坂瓊曲玉）と内侍所（八咫鏡を模した神鏡。神鏡を安置する所＝賢所を指す場合と両方もちいられる）をどのようにあつかうのか。神器は天皇とともに移動することが原則である。神器に事故のないように日夜苦心しているその神器が、万一海に落ちるようなことがあったならどうするのか。

　中山は神器も心配であるが、同じように天皇も海に出したくないのである。天皇の軍艦試乗の際にも、あれこれと理屈をつけては反対した。とうとう彼は、海路にするか陸路にするかを賢所で「神慮」を伺うべきであるといいだした。明治改元の際のように、天皇が賢所（内侍所）に謁し、自ら籤を引いて決めたいというのである。

　これでは話がおおげさになりすぎ、どちらに決着するにせよ、一方の側は「神慮」に反したということになって、先々をふくめ具合がわるい。この時の三条実美の判断は明快だった。海路か陸路か、その程度のことは天皇自身にまかせるべきだという。三条は海路論者であったが、執着はしなかった。岩倉具視も三条の意見に賛成した。

　この場合、天皇自ら判断して決めるということに意味があり、これも天皇教育の一つなのである。天皇の決断は陸路であった。その理由は充分な汽船の手配が整わないことと、やはり神器が問題で、「吾国の神宝、天子といえども御預かり申し」ているものであり「危うき事」のないよう日夜心掛けているものを、「大海」に持ち出すことは「何とも恐れ入る」というものであった（『中山忠能履歴資料』九）。

陸路にするという天皇の意思をつたえる沙汰書（命令）の草稿を、中山忠能が書いているから、天皇は祖父中山の顔を立てたということになるだろうが、政府首脳は海路還幸にそれほどこだわってはいなかった。天皇が洋上に出るという改革は実現したし、天皇自身の意思で重要な事柄が決定したことに、大きな意義を見出していたのである。

京摂を失っても、東京を失うな

ところで、海路か陸路かという問題もさることながら、それと同時に、京都への還幸の時期をいつごろとするかということにかんして、政府内で議論があった。そのなかでひときわ目に付くのが三条実美の意見である。まずその意見をすこし詳しく見てみよう。

三条は「国家の興廃は関東人心の向背にあり」とまず述べる。そして今すぐ京都に還幸すれば、きっと関東の人心を失うことになるだろうという。京摂（京・大坂）の人心が動揺するのと関東の人々が政府を怨むのと、その利害得失を比較した場合、大変な違いがある。京摂の人民は数千年もの長いあいだ天皇に親しみ感化をうけてきたから、たとえ動揺があったとしても関東の比ではないが、関東の人民は古来「王化」に浴しておらず、むしろ徳川家のめぐみをこうむり、人々は旧幕府を慕うものが多い。もしひとたび失望して民心が政府から離れてしまったら、それをとりもどすことは大変むずかしい、という。

さらに続けて次のように述べる。大局的な見地から考えるに「京摂の大盛衰」は、東京の盛衰いかんにかかわっている。したがって東京の盛衰は「日本全国の盛衰興廃」に関係する。だからたとえ京摂を失うことがあっても、東京を失わなければ「天下を失う事」はない、とまで言い切っていたのであった（『三条実美公年譜』巻二四）。

先にも紹介したように（一一六ページ）三条は京都よりも東京を重視し、東幸から再幸そして将来的な遷都への筋書きを構想していたが、この頃の三条は東京への遷都を、確実に見通していたと思う。とはいえこのまま天皇を東京にとどめてというわけではない。とりあえずここでは、東京が重要であることを強調し、京都への還幸を急ぐことはないといっていたのである。ただしいつまでも延ばすわけにもゆかない事情もあった。

孝明天皇の三回忌（命日が一二月二五日）を行うことと、皇后（一条美子）が正式に御所に入る入内の儀式を、年内に行うことが予定されていたのである。このような大事な儀式がひかえていたから、おそらく中山忠能などは、還幸を一刻も早くなどと要求していたのではなかろうか。

岩倉具視の再幸意見

三条は中山などの意見に対して反論していたのであるが、この問題にかんしては岩倉具視が柔軟な、しかし明快な考えを示していた。彼は還幸問題で政府内で議論が続けられていた時、三条実美に一一月二二日の手紙で、次のように述べている。

1. まず還幸するむねを布告し、京・大坂の人心を安堵させる。
2. 来春、東京に再幸し、「諸侯伯(こうはく)」会同による公議で「大政の根軸」を立てる。
3. 再幸の節は、太政官を東京へ移す。
4. 皇后もあとで東京に行啓する。
5. 再幸にそなえて「御内儀(ないぎ)向」の造営に取り掛かることを布告する。そうすれば東京の人心は大いに安堵するであろう（『岩倉具視関係文書』四）。

三条は京・大坂の人心に多少の動揺があっても仕方がないと言い切るが、岩倉はやはり京・大坂の人心、とくに京都に気を配る。三条と違うところである。岩倉も還幸を早めることには賛成しないが、まず還幸することを布告して、京・大坂の人々を安心させようというのである。

しかし来春には東京に再幸する。京都に落ち着くまもなく再幸するのである。しかもその際、東京に「諸侯伯」すなわち諸大名と府県長官を集め、一同を会した公議で国家の基本方針（「大政の根軸」＝国是を定めるという。このような国家にとってのもっとも重要なことが東京で行われるのである。

また再幸とともに太政官が東京に移される。今回の東幸では太政官は京都に置かれたままである。その最高政府機関が再幸とともに東京に移されるという。再幸は今次の東幸とは明確に違うという位置付けなのである。東幸は臨時のものである。しかし再幸は長期のものであり、だから太政官も東京に移すという考えである。

長期滞在だから、後で皇后も東京に移る。5．の「御内儀向」の造営とは、奥向すなわち天皇のプライベートな空間のための建物を造るということで、これも長期間滞在を考えてのものであることは明白である。私はここで長期滞在と表現しているが、この時の岩倉は間違いなく遷都を意識して発言していたと思う。

京都への還幸

三条と大久保は明白に帝都を東京へ移す遷都を考えていたと思う。岩倉もおそらく同様である。しかしこの時期の彼らの手紙や日記そして意見書など、彼らが残した記録をみても「東京遷都」という表現が見られない。

たしかに彼らは遷都という言葉を発することにかんしては、きわめて慎重であった。遷都の実現を前にして、かえって明言することを避けているかのごとくである。これは後で詳しく述べるように、人心に対しての影響を深く配慮してのことであった。

もしかしたらこの時期の彼らは、再幸という言葉を、遷都の意味をこめて、遷都とほぼ同じ意味で使っていたのではないだろうか。遷都を考えている彼ら同士の、暗黙の了解となっていたのではなかろうか。私のこの想像は、ほとんどなにも直接関連する証拠はないけれども、いま彼らが残した史料を読むかぎり、そのように読み取ってもなんら差し支えのないように思えるのである。

さて政府は一一月二七日に、一二月上旬に京都に還幸すること、そして明春再び東幸（再幸）することを明らかにした。軍艦試乗の前日である。大久保が還幸の際は鳥羽まで汽船を利用されたいと、岩倉に進言したのが二九日であるから、この段階でもまだ、陸路か海路か決まっていなかったのである。このように還幸にかんしては、ずいぶん政府内で議論があったであろうことがわかる。

一二月一日、ようやく東海道を陸路還幸することを、沿道の府県と周辺諸藩に通達した。そして八日、京都還幸に出発した。供奉する者は中山忠能、蜂須賀茂韶、大久保利通ら二一五三人。長持一一〇棹、竹長持二七棹、引戸駕籠（かご）九三挺、乗駕籠四六挺。東幸の際より供奉する者が一千人余りも少なくなっているが、それでもこれだけの行列となる。当然ながら費用もそれだけ必要となる。

東幸の際の費用は、警備諸藩の経費、宿駅の支払い、助郷（すけごう）・人夫の給与、下賜金、慰労など、すべての支払いに要した金額が七七万八七六〇円（明治二年決算）あまりに上った。この年の政府財政で租税収入が三〇〇万円くらいしかなかった時である。このような貧弱な財政事情のなかでは東京と京都の両京（両都）を、天皇がしばしば往復することなどほとんど不可能なことであった。このように財政面からも、いずれ遷都は行われることにならざるをえなかったのである。

一二月二二日に京都に還幸した天皇は、翌明治二（一八六九）年正月一〇日、京都の市民に酒を配った。酒二三七石余り、スルメ一一万八五〇〇枚。これに要した金額が四二六六両余。なお東京の市民に祝い酒を下賜した時の総額が一万四〇三八両余である。京都の民衆も家業を二日間休み、社寺に参詣して天皇の還幸を祝った（明治元年は両、二年末から円で決済）。

第四章　帝都東京の誕生

1　東京への再幸

政府の一元化

事実上、京都と東京の二都となった。しかしまだ両者の位置には差がある。なぜなら政府の最高中心機関である太政官が京都に置かれているからである。しかしこれから見てゆくように、政府の機関も制度も、東京を中心とする方向に、動きだしていた。

二都で具合が悪いのが、政府機関のそれぞれが両都に二分されることと、天皇の移動に金がかかり過ぎること、そして政府の首脳部も、天皇に付き従う者と、天皇が留守にする方の都で政務を担う者と、二つに分かれることである。

したがって明治新政府の財政状態や人的資源の面からして、政府を一元化するということは、避けることができない、むしろ緊急の課題であった。以下にまず、そのような動きを追ってみよう。

九月二〇日、天皇が東幸に出発したその日、次のような布告が京都の太政官からだされた。外国官（後の外務省）は長官はじめ全員が、天皇に従って東京にゆくから、事務にかんしては一切東京で取扱う。彼ら外務官僚は京都還幸の際にも、そのまま東京を動かなかったから、外交関係の中心官庁はこの時以来現在に至るまで東京なのである。

また一〇月一八日には駿河以東の国（駿河、甲斐、伊豆、相模、武蔵、安房、上総、下総、常陸、上野、下野、陸奥、出羽）を管轄する政務を委任されていた役所である、東京の鎮将府（ちんしょうふ）（七月一七日設置、長官の鎮将が三条実美）が廃止された。駿河以西を管轄支配する京都の太政官と、駿河以東を管轄支配する東京の鎮将府という、二つに分かれていた地方統治のための組織が、太政官に一元化されたのである。

この時はまだ太政官は京都にあるが、おそらくすでに政府の中では、そのうち東京に移すという暗黙の合意が成立していたのではないだろうか。この鎮将府には会計局や刑法局、社寺局などの実務機関がおかれていたが、それらの諸局も当然のことながら廃止になった。

そしてたとえば鎮将府会計局は京都と同じ名称の会計官と改められ、天皇に従って東京にきていた京都の会計官の官員は、この「東京会計官」に所属することとなった。そして外国官のケースと同じく、東京の会計官が大蔵省（明治二年七月八日）となり現在に至っているのである。

東幸で天皇に供奉して、東京にきた人員がおよそ三三〇〇人。還幸に供奉して、京都に帰った人数が約二一五〇人。約一一五〇人近い差がある。還幸の前に京都に帰った者もあったが、この一千人余りの数字のなかには、東京に残った官員と、再幸の準備（実質的には遷都の準備）のために残った人員が含まれているのである。

再幸の公表と宮殿の造営計画

一一月二七日に、京都への還幸が一二月上旬であることが発表されたが、その同じ布告のなかで「明春再幸」の「思食」であることも公表された。文面には「一先ツ」還幸するとあり、むしろ再幸に力点があることを思わせるかのような布告であった。

また天皇が還幸に出発する前日の一二月七日には、東京城（旧江戸城）本丸址に宮殿を造営することが布告された。その布告文をみると、来春ふたたび「臨幸」するから宮殿を造るという、理由が書かれている。

結果を先にするが、この計画は財政難もあって実現しなかった。天皇の居住空間と政務執行の場としてなら、将軍の居城であった江戸城（東京城）で充分間にあった。事実、東京城が明治六（一八七三）年五月五日に、紅葉山の女官部屋から発した火災により、表の宮殿から奥御殿にいたるまでが全焼した時まで、旧江戸城西の丸がそのまま、皇居および太政官と宮内省の庁舎として使われたのである。

火災のあと、赤坂離宮（皇太后御所）が仮皇居とされた。赤坂離宮は旧和歌山藩邸の一部が献上されたものである（下賜金二万五〇〇〇円）。そして新宮殿の建築は、計画の見直しや何回かの設計の修正のあと、ようやく一八八四（明治一七）年から、建設が本格的に始まった。

宮内省庁舎をはじめ表宮殿の中心建物である正殿（せいでん）が完成したのが、一八八八（明治二一）年五月で、火災から一五年もたっていた。

明治天皇・日本の君主は、権力の座についてから二一年間も、自分の意志で建てた新しい宮殿を持たなかったのである。これは世界の国々の、旧権力を倒した新君主による、宮殿造営のケースと比べてみた場合、例外的なものではないだろうか。

日本の過去の権力者をみわたしても、織田信長、豊臣秀吉、徳川家康と、いずれも力を誇示した建造物を造営していたのである。

たしかに財政難という大きな問題はあったけれど、なぜ明治天皇は、権力を象徴する宮殿を、早期に造ろうとしなかったのだろう。興味深い問題のひとつではないだろうか。

さて話がわき道にそれたが、最初の、実現とならなかった宮殿造営の計画は、東京を帝都とする構想に基づいていたと思う。京都にかえっても、すぐ東京に再幸すると布告したことでも明らかなように、天皇は京都の天皇ではなく、東京の天皇であることを言外に主張していたのであった。

公議所を東京に

また一二月六日に政府は、五ヵ条の誓文で述べられた「広く会議を興し万機公論に決すべし」とする国是に基づいて、公議所（こうぎしょ）を東京の旧姫路藩邸に開設することを明らかにした。目的は、各藩の代表による会議で「国典（こくてん）（国家の法令・制度・儀式など）」を「熟議」するためである。

そして一〇日には諸藩に、それぞれの藩の重役から一名を、公議人として来春の二月中旬まで東京に派遣するように命じた。この時点では、天皇の再幸が来春の何時になるか、まだはっきりしていない。しかしおよその見当であろうが、天皇の東京再幸にあわせて、各藩の代表が東京に集められるのである。

公議所開設の詔書（明治二年二月二五日）でも、この会議は「国家治安の大基」を建てるためにあるとされていたように、当初は公議・公論をスローガンとする政府が、大きな期待をよせて開設したものであった。そのような重要な公的議事機関が東京に設置されたのである。ここにも東京を中心に、という意思が明白によみとれる。

ただし公議所の現実は、現在の国会のような立法機関ではなく、たんなる議案の審議機関であった。ここで議論されたのは、キリスト教徒の処分問題、帯刀を随意とするか否か、入墨（いれずみ）禁止の件などで、政治や法律といった、国家の基本となる重要案件ではなかった。

また藩を代表した公議人も、開明派から超保守派まで、あまりにも立場も個性も違いすぎていた。だから政府が期待したような、建設的な意見として、まとまったものがでなかったのが現実である。

とはいえ、全国の藩の代表が、重要な会議のために集められたのが、京都ではなく東京であったということが、遷都問題を考える上で重要であろう。

版籍奉還の断行に弾みをつける

年が明けて明治二年の正月一八日、こんどは国是についての大会議を開催するから、来る四月中旬までに東京に集まるよう、すべての藩主と政府直轄府県の知事（または判事）に命じた。ついで同月二四日に、天皇の東京への再幸が三月上旬であることが発表された。

東京において、天皇の下でおこなわれる国是大会議である。ただし、具体的には何をどのように議論しようというのか、この時点では諸大名にも府県の知事たちにも、会議の議題のようなものは、なにひとつ知らされていなかった。しかし政府の首脳部は、この会議の目的の一つを、明確に意識していたのである。

それは一口でいえば、版籍奉還が確実に実現する、そのための環境づくりをすることであった。薩摩・長州・土佐・肥前佐賀の四藩主による版籍奉還の上表がなされたのが、この月の二〇日で、二三日に『太政官日誌』で公表された。

これにすぐ反応したのが鳥取藩で、二四日に版籍奉還を上表した。ついで二八日に福井、熊本、大垣の各藩がつづき、二月に入って五日に彦根、松山、七日に和歌山、久留米、八日に加賀藩と有力藩も版籍奉還の上表を差し出した。その数は、一月に薩長土肥四藩を含め一〇藩、二月中に七八藩、三月中に九八藩となっている。

四藩主上表にならって「バスに乗り遅れまいとして」とか「雪崩のごとく」諸藩が追随したと諸書によく書かれる。たしかにそのように表現しても間違いのないような現象であったといえよう。しかしそれはあくまでも結果論であって、最初から予測されたものではなかった。当初は、諸藩がどのように反応するか、期待とともに危惧もまた強かったのではなかろうか。

だから四藩主の上表を計画し推進した木戸孝允は、一月二九日の日記に「御東幸の上は、数十の諸藩、相応じて此議（版籍奉還の上表）に出、其実の日を逐うて挙るの一策を廻らさんと思う」と記さなければならなかったのである。

木戸孝允が考えていた「一策」とは、どのようなものだったのだろうか。木戸の策略はともかく、藩主を東京に集めることにより、つぎのような状況を作り出すことは可能であると、考えられていたと思う。

彼ら藩主は再幸という実質的遷都に直面する。そして同時に新天地東京においてなされる改革政策とそれを実体化するための政府の意欲と熱意を肌で感じる。そのことによって、藩主のそれぞれに、版籍奉還という大改革がなされなければならないことを覚悟させる。

ようするに木戸は、東京への遷都を機に、版籍奉還の断行に弾みをつけようとしていたのではないだろうか。版籍奉還計画は遷都の計画より遅れて出発した。しかし今や両者は、同じ比重で、かつ密接に関連付けられて語られていた。遷都を機におこなわれる政治の一新と、版籍奉還という国家体制の大改革の、同時進行だったのである。

「御滞輦中」の但し書き

ついで二月一八日、東京への再幸のため、来る三月七日に京都を出発することが布告された。そして二四日には、天皇が東京に滞在している間（「御滞輦中」）は、太政官を東京に移し、京都には留守官を置くとする布告がだされた。

天皇親政の国家であるから、政府の最高機関である太政官は、天皇がいるところに置かれることを原則とする。だから天皇が京都から東京に移れば、太政官も東京に移されるのが当然である。だが「御滞輦中」と但し書きのようなものが加えられているところが、この布告の苦心のところなのである。

つまり天皇が東京にいる間は、太政官を東京に置く。しかし天皇が京都に帰った場合は、太政官も京都に置かれる、といっているのである。ようするに、東京再幸は遷都をするのではないということを言外に、かついささか苦しまぎれの理由づけをしながら述べていたのであった。

この布告は、あきらかに京都の市民を強く意識して作られたものである。それだけ再幸は東京への遷都にちがいないとする声が、京都の人々のあいだでささやかれ、市民の不安をかき立てていたのであった。政府は遷都を決意している。しかし遷都であると公表出来ない。かつまた遷都でないと断言することも、市民にあからさまに嘘をいうことになって躊躇せざるをえないのである。

遷都に異をとなえていたのは、京都の人々だけではなく、たとえば薩長が天皇を手中にするために東京に連れてゆくのだ、というような、反薩長感情からなされる批判もあった。しかしやはり政府側が恐れたのは、京都市民の動揺であり、もしかしたら反対運動に立ち上がるのではないかという心配であった。

なにしろ京都の、権力や体制側に対しての反対・抵抗運動には、伝統とキャリアがある。「突込み」の威力なのである（七七ページ）。またなんといっても、一千年以上も天皇家を支えてきたのが京都の人々なのである。京都の市民は、そのことを自負している。そうした京都には、それなりの配慮が必要だったということであろう。

いっぽう、二月二三日に、東京の市民に、東京城（江戸城）の吹上御苑（江戸城の西の丸の西北、現在の皇居の内苑）を、三日間開放した。二四日には、群衆が入り口となる半蔵門に殺到し、死人がでるほどであった。

吹上御苑の一般の人々への開放は、これが最初で最後である。こうなることをこの時政府は意識していたかどうか。ともあれ政府は、帝都となる東京の市民にも、このように十分に気配りを見せていたのであった。

2　三月二八日、遷都

天皇にぬかずく藩主

三月七日、予定通り天皇は再幸のため京都を発った。前年九月の初めての東幸の時は、最初の日は大津泊まりであったが、今次は草津まで進んだ。

翌八日は水口泊。九日に鈴鹿峠を越え関（三重県）泊。前年より一日早いスピードで進んだ。幼若の天皇ではなく、旅慣れた天皇となっていた。ここから天皇は伊勢にむかう。

一一日、松坂泊。一二日、天皇は豊受太神宮（外宮）と皇太神宮（内宮）に親拝した。『明治天皇紀』は「今次の御親謁は神宮創基以来、未だ曾て列聖の観幸を見ざる」ものであると述べる。天皇の伊勢神宮参拝はこれが最初のことだったのである。

この伊勢神宮行きは、前年一一月二七日に、還幸と来春の再幸が布告された時に予告されていた。内地の戦乱がほぼ平定されたので、神宮にその報告にゆくというものである。こうして宇治から津をへて一四日に四日市泊。ここからは前回と同じ行程となった。前年の東幸との大きな違いは、民衆との接点を作るような、特別なイベントが設けられなかったことである。そしていま一つの違いは、沿道諸藩の藩主のほとんどすべてが、天皇の送迎や天機を伺いに出向いたことであった。

政府から各藩に、なんらかの働きかけがあったのかどうか、あるいは、藩主の自主的な判断であったのか、今の私には答える準備がない。しかし、藩主のこのような行為を、私は以下のような意味で考えることができるのではないかと思っている。

藩主たちの行為は、あきらかに新天皇に臣従（しんじゅう）した証（あかし）としてなされていた。そうした藩主の姿を、それぞれの領地の人々は、どのような思いで受け止めていたのだろう。殿様が天皇の家来となった姿を領民は目撃したのである。

いま天皇が持つにいたった力が、どれほどのものであるかを民衆（領民）に伝えようとするならば、天皇にぬかずく殿様（領主）の姿を見せることの方が、多くの言葉を駆使するよりも、はるかに効率的であったにちがいない。おそらくこれは、政府首脳が考えだした、演出の一つだったのではなかろうか。

皇居から皇城に

こうして明治二（一八六九）年三月二八日、正午頃、天皇は皇居・東京城に入った。この日政府は次のように発令した。

東京城西ノ丸へ御駐輦（ちゅうれん）、依テ、皇城（こうじょう）ト称ス

皇居・東京城を、これから皇城と称する、という発令である。先にもふれたように東京城（旧江戸城）は明治六年五月の火事で全焼してしまった。その時点で「皇城」は、その建物とともに名称もな

くなった。天皇が移り住んだ赤坂離宮は、仮皇居とよばれ、宮内省の事務執行はこの仮皇居で行われた。そして太政官は馬場先門内の旧教部省の庁舎に置かれたのである。

旧江戸城西の丸に新宮殿全体が落成したのが、明治二一（一八八八）年一〇月。そしてこの月の二七日から、この新宮殿を宮城と呼ぶとする告示がだされた。以後、明治・大正・昭和と宮城の名が用いられてきたのであるが、戦後の昭和二三（一九四八）年七月一日に、明治二一年の告示が廃止され、その時から皇居と称されるようになったのである。

旧江戸城は皇居から皇城に、さらには宮城の地となり、現在の皇居となった。このように名称が変えられるのは、もちろん理由があってのことである。皇城も宮城も、日本固有の名称ではなく中国から伝来したものである。ではどのように違うのか。

古代の平安京を造営した時に、都城の範としたのが中国・唐の都である長安である。長安には皇帝の居としての宮城と、官衙（諸官庁）が集中する皇城とがあった。ところが平安京を造営するにあたって、宮城である大内裏のなかに諸官庁を入れたので、日本には長安の皇城にあたるものがなかったのである。

もっとも皇城という言葉は、明治維新期の史料に散見する言葉で、先に引用した伊地知正治の大坂遷都意見（六八ページ）にもみられる。伊地知が宮城と皇城とを、明確に区別していたのかどうか、この意見書からはよくわからない。おそらく当時の史料にみられる王城や帝城と同じように、皇居と官庁が一体となった特別な空間をさす言葉として用いられているように思える。

ともあれ日本の伝統にはなかった皇城を、ここでなぜ正式な名称として用いたのだろう。なぜ皇居のままでいけなかったのだろう。なぜ宮城ではなかったのだろう。

三月二八日＝帝都東京誕生

逆にいえば、平安京は宮城のなかに皇城を取り込んだ形であったから、この伝統をうけついで、このとき宮城と称するべきだという主張があっても不思議でない。

皇居か皇城か宮城か、これらをめぐってどのような議論があったのか、なかったのか、私が調べたかぎりでは、手掛かりとなるような史料が残っていない。したがってあくまでも推論であることをお断りした上で、この点についての私の考えを述べておきたい。

ポイントとなるのは、太政官を東京城の中に置いた点である。官庁を城内に置いたから、天皇が居住する場の呼称である皇居では、実態とそぐわない。それに京都には御所があり、これも皇居なのである。皇居だけでは、京都なのか東京なのか分からない。皇居ではやはり具合がわるいのだ。

そこで皇城か宮城ということになった（あるいは、別の呼称が候補としてあったかもしれない）。皇居と官庁とが一緒に置かれている場の呼称として、どちらが適当であるのか。皇居を主に考えれば、宮城がよいように思える。このほうが平安京の実態と適合しているといえよう。伝統・継承を主とすれば、宮城であろう。

しかしそうしなかったのは、改革の面を強調したかったからだと、私は思う。平安京の大内裏＝宮城のイメージを避けようとしたのだと思う。平安京は廃都にならなかったし、遷都もおこなわれなかったから、事実上明治の遷都まで存続したとみなさなければならない、というのが歴史学者の一般的理解である。このことからも宮城では、どうしても連続面がおもてに出ざるをえない。

皇城は新しい政治・改革をイメージして用いられた呼称であったと思う。皇＝（天皇の古語）の城を称することによって、王政復古のイメージを表現するとともに、天皇親政による新しい政治が行われる場であることを主張していたのである。

皇城は日本の新しい帝都のシンボルとなる、そのようなものとして名付けられたのである。皇城の誕生は、すなわち新しい帝都東京の誕生でもあった。これによって遷都とはいわなかったけれども、事実上の遷都であることを宣言していたのである。

以上のような事実をふまえて、私は東京への遷都、帝都東京の誕生日は、明治二（一八六九）年三月二八日であったとしたい。

なお新宮殿の完成（明治二一年）とともに宮城と称されたのは、ここが政治の場ではなくなったからである。官庁街は宮城の外、霞ヶ関に作られていた。宮中と府中（政治をおこなう表向きのところ）を明確に分けるというのが、政府の基本方針であったからであり、宮城は帝都におかれた天皇が居住するところを称するものとなったのである。

はなかったと思う。

なぜ遷都の声明がなかったのか

皇城と称する、という布告を、すぐに遷都の声明であると理解した人は多くはなかったかもしれない。しかし天皇の東京への再幸が、東京への遷都であろうと受け止めた人は、けっして少ないものではなかったと思う。

いまや政府の人間は、実質的な遷都であることを、お互いに承知し合っていた。遷都であると公言しなかっただけなのである。なぜ遷都であることに口をつぐんだのか。またなぜ遷都について、詔がなく、一片の法令も発令されることなく、また政府の声明もだされなかったのだろうか。

いくつかの理由が考えられるが、以下、その点にかんして述べてみたい。まず畿内とくに京都の人心への配慮から、遷都であるとの公表をしなかったと思われることである。

一月二四日に東京への再幸が発表された際に、政府（京都府）は、わざわざ「告諭」を作って、遷都ではないかと動揺する京都市民を、なだめ諭そうとした（「京都府下人民告諭大意」『維新史』五）。しかしその「告諭」では、再幸することがいかに国家にとって、重要なものであるのかということを延々と述べるのであるが、遷都の噂にかんしては完全に黙殺したのであった。

特に京都への思い入れの強かった岩倉具視であったから、これには岩倉の配慮があったに違いない。しかし岩倉ならずとも、京都の動きには気になるものがあったことはたしかである。それは京都に集まってきていた、かつての尊攘派の流れをくむ志士や、脱籍・浮浪と当時呼ばれた、反政府的な気分をもった者達の動向であった。

彼らは再幸にかんして、色々とあらぬ噂を騒ぎ立て、公家に建言したり、面会して迫ったりして、一部の公家が彼らの扇動にのるような動きも見せていた。当時京都に在った木戸孝允は三月一〇日付けの大村益次郎に宛てた手紙で、このような京都の状況を、容易ならざる「混雑」であると危機感をあらわに報告していた（『木戸孝允文書』三）。

遷都を公表することによって、よけいな混雑が発生する恐れがあると、政府の首脳部は心配していたのである。ではどのようにすればよいのか。

遷都の発令は不要とする意見

いますぐに遷都を発令する必要はない、という意見である。この考えを明確に主張したのが広沢真臣（長州藩士、参与、のち参議）である。広沢は初期の京都府政や長州藩の明治初年の藩政改革を担当した地方行政のベテランで、大久保利通が長州藩出身者のなかではもっとも信頼をよせていた人物である。その広沢が、次のように述べる。

> 御政府の御基本相立を主一に成せられ、遷都の御発令は暫く御見合せ置き在らせられ、追年一視同仁の御撫恤行渉らせられ、万民其所を得候上、いよいよ遷都の御発令在らせられたく……
>
> （『広沢真臣日記』）

政府の基本（基礎、基盤）をしっかりさせることが先決で、遷都の発令を急ぐことはない、民心が安定してからでもよい、というのである。理想よりもまず現実を、という立場をつらぬいた広沢らしい発言であった。

遷都であると発令することによって、大きな社会的混乱が生じるようなら、当面発令をしない方がよいとするこの主張は、逆にいえば、発令することによって、どのような利や効果があるのか、ということにもなる。この点は、東京遷都を考えるとき、じつは大変重要なポイントなのである、

古代のたとえば平安遷都と明治の東京遷都では大きな違いがある。平安遷都の場合は、宮殿（大極殿）を作り、官庁の建物を築き、都城全体を造るという大土木・建築工事がなされた。莫大な金と物資と人が、遷都のために動員されたのである。

ところが東京遷都の場合は、大きな土木・建築工事は一切ない。先にもふれたように京都への還幸に出発する前日に、再幸するから旧江戸城本丸跡に宮殿を造営するという発表は、実行に移されなかった。また明治三年一二月には大蔵省が、同じ本丸跡に太政官はじめ各官庁を集中させる「大政庁」（大総合官庁舎）を建造することを政府に建議したが、これも実現するにいたらなかった（『明治天皇紀』二）。

このように東京遷都は、遷都にともなう新規の建築・造営事業は行われなかった。新しい帝都としての造都も都市改造もなかったのである。なぜだろう。

新政府が財政難にあえいでいたことは事実で、これが新都の造営に手を付けられなかった理由のひ

とつである。しかしそれだけではないように思える。力を誇示しようとする専制的な権力者なら、遷都を旗印に、金と物資と人を強引に集めるだろう。

それをしなかったのは、天皇と政府が、新しい宮殿や大規模官庁舎を、切実に必要なものとしなかったからではないかと私は推測している。最初から、手を加えて東の都を造営しようという発想がなかったのである。したがって、遷都を発令して、新しい都を造営することを理由にして、人や金を集める必要を感じなかったからである、と私は推測する。

遷都と奠都

東京遷都というけれども、見た目には天皇と太政官（および諸官庁と官員）が、京都から東京に移り、政治が東京で行われるようになったということだけなのである。江戸が東京となっても、東京の景観は江戸の景観とほとんど変わらなかった。

都市の外見からは、遷都がほとんど見えてこない。これは東京遷都の本質にかかわる点であり、遷都がめざしたものが外向きのものでなかったからである。すなわち遷都すること自体が、最大の目的であった古代の遷都とは異なり、東京遷都は改革のための手段としての性格がつよかった、その結果なのである。

　東巡（再幸）の義は……九重深宮の旧弊を一洗せんとするにあり。

この山県有朋の言葉は、東京遷都の本質をじつに的確に言い表していた（岡部精一『東京奠都の真相』）。この場合、東巡（再幸）は遷都と同じ意味である。すなわち山県は、遷都すること自体が目的ではなく、天皇・朝廷と政府の改革のための手段であるといっていたのであった。

　遷都がこのような意図でおこなわれたものであることを理解すると、広沢真臣が遷都の発令を急ぐことはないといった意味がよくわかる。矛盾するようであるが、遷都でなくてもよいのだ。改革さえ実現すれば。

　東京への再幸が実現して、事実上の遷都が行われた。新政府が誕生してから、最初に遷都を主張した大久保利通の目標・課題は、ここに至る過程で、着々と達成されていき、まずは満足の行く結果となった。大久保に賛同した、岩倉具視、三条実美、木戸孝允らの政府首脳も同じ思いであったに違いない。

　いまさら社会不安や混乱の種をまくような遷都の発令は、しなくてもよいと彼らは判断したに違いない。天皇と朝廷の改革は、大きく進行した。つぎは政府の改革である。これはすでに準備中であり、まもなく着手される。そのためにも、遷都を発令することは、避けた方がよいと結論したのではなかろうか。

　明治政府は創業の政府である。王政復古の沙汰書（いわゆる王政復古の大号令）に「諸事神武創業の始に原き」とあるように、神武帝が創業を始めたように、すべて新しく始めてゆくということを宣言した政府であった。その政府と天皇が、新しい政治を行ってゆく拠点として、東京を東の都と定め、さらに帝都としたのである。

このように見ると、遷都よりも文部省が発行した『維新史』のように、都を定めたという意味になる奠都（てんと）といった方が、より実態を適切に表現するものであったといえるかもしれない。しかし遷都とはいわれなかったけれど、事実上の遷都であり、新しい帝都東京の誕生であり出発であった。そして京都は、都であることを否定されはしなかったが、つかの間の帝都の座から後退し、ついに復活することがなかったのである。

私はやはり、現代の語感にはあまりなじまない、意味の通じにくい奠都よりも、実態を正確に表現する遷都を用いたいと思う。

3　帝都東京の出発

官庁舎の建設計画と挫折

幕末の江戸市中は、およそ六〇パーセントが武家の屋敷である。旗本・御家人の屋敷もあるが、何といっても大名屋敷が占める割合が大きい。およそ二六〇家の大名が、本邸である上屋敷と、家臣の官舎ともいうべき中屋敷、そして別荘のような下屋敷を持っていた。

しかし文久二（一八六二）年秋に、参勤交代制が緩和され、同じ頃から京都が事実上の首都となってゆくとともに、多くの大名は家臣を江戸から引上げ、有力大名は京都の藩邸に比重を移し、江戸の藩邸には留守番だけを置くようになっていた。

そして江戸開城の前後には、現在の皇居周辺の大名屋敷のほとんどは、空き家同然となっていたのである。政府はとりあえず、そうした大名屋敷や幕府の要職者の役宅を、官庁舎として使用したのであった。ただし当初は、大名屋敷の使用は、あくまでも臨時の便宜的なものであったはずである。

前にもふれたように、明治三年の一一月に金沢藩知事前田慶寧（まえだよしやす）が、東京（旧江戸）城本丸址に、諸官庁を集中した大政庁を建築することを上申し、その建築費用として現米二万石を寄付したいと申し出た。政府はこれをうけて、大蔵省に建設を命じたが、おそらく廃藩置県の見通しと、それに基づく官庁の再編とに関係して、実現にいたらなかった。

廃藩置県後の五年三月、政府は西の丸下に太政官はじめ諸官庁舎の建設を計画し、建設を工部省に命じた。しかし計画が具体化しないうちに、翌六年五月に皇城が焼失し、計画は根本から見直しが必要となったのであった。

ついで七年一二月、政府は皇居宮殿の再建計画とともに、旧本丸址に官庁舎の建築を計画し、工部省に測量を命じたが、これまた皇居宮殿の再建自体がまとまらなかったため、立消えとなった。さらに九年一〇月にも工部卿伊藤博文（いとうひろぶみ）が本丸址に、太政官庁舎だけでも建設をと上申したが実現しなかった。これは、一〇年一月四日の地租軽減の布告とともに、省庁の定額削減や、官僚の給料カットなどの行政改革が実施されたためである。

このようにいく度か官庁舎建設の計画がありながら、そのつど何らかの支障が生じたため実現にいたらなかったように、それなりの理由があった。しかし財政面やそうした事情ばかりでなく、それに加える他の理由があるように思える。

端的にいえば、何が何でも造るという、そうした姿勢や欲望がつたわってこないのである。おそらくそれは、明治天皇をはじめ、三条実美や岩倉具視そして大久保利通、木戸孝允、伊藤博文、大隈重信ら政府首脳の性格によるものではなかろうか。彼らに共通する性格は、広壮・豪華な邸宅を建てたり身を飾ったりすることに、淡泊で禁欲的なことである。

これに対して、たとえば建築・土木に執念のようなものを持つ山県有朋や井上馨そして三島通庸が、もし政府のナンバーワン、ナンバーツーであったなら、帝都東京は別の姿となっていたように思えるし、おそらく皇居・新宮殿の造営も、違ったものになっていたであろう。

新宮殿の造営

仮皇居となった赤坂離宮は、紀州徳川家私邸の一部で、敷地も建物もごく狭いものであった。したがって宮中の諸儀式はもとより、外国の公使や賓客を迎えての応接にも、いろいろと不自由を生じていた。新宮殿の建設は、だれもが必要と認めていたから、民間からの造営資金の献納もあいついでいた（明治七年末で二九万円）。

しかし火災後一年経った明治七年五月一八日、「国用夥多」のおりであるから「朕カ居室ノ為」に巨費を費やすことはないと、宮殿建築は急ぐことはないという勅語が出された。そしてようやく九年五月八日に、一〇〇万円の概算で、皇城があった所に一〇年から五ヵ年間で西洋式宮殿を造営することを政府で決定したのである。

ただしこの時点では、設計図もできておらず、どのような宮殿にするのか、そのイメージさえ確かなものではなかった。この年一〇月に天皇と政府は、ロシアのペテルブルグ冬宮の写真と設計図を、ロシア皇帝から送ってもらい、参考資料としていた。だがまたしても、一〇年一月一〇日、地租軽減と政費節約、行革の趣旨を徹底するためという理由で、造営は延期とされたのであった。

この後も、造営規模、造営地、設計などの変更ほか、さまざまな問題が生じるが、その後の経過を『明治天皇紀』に基づいて簡単に記しておこう。

一二年七月　西の丸に正殿（洋館）と宮内省（洋館）、山里に殿舎（木造）を建設することを政府で決定。

一三年八月　岩倉具視、建築費を他の国用にあてるべしと、皇城建築の延期を建言。

一一月　天皇の意見に基づき、皇城はすべて木造と計画を変更。

一四年四月　正殿および饗宴所などの諸殿と、宮内省庁舎を西の丸に、内廷殿舎を山里に女官房戸を紅葉山に建設することとし、設計図案ができる。

　　　　七月　　洋館の謁見所を山里に建造することとする（一六年四月、計画を中止）。
一五年五月　　皇居造営事務局を設置。
一六年二月　　洋式石造正殿を西の丸山里に、常の宮殿と宮内省庁舎を吹上に建設する案を皇居造営事務局が作成。概算で八〇〇万から一〇〇〇万円の建築費と試算。
　　　　七月　　天皇が宮内卿に、建築費の減額と、工期の短期終了を命ずる。これに基づき竣工期を五ヵ年、費額二五〇万円をめどに、木造皇居とレンガ造の宮内省庁舎を建造することとす。
一七年四月　　地鎮祭を挙行。

このような経過をたどって明治二一（一八八八）年五月、表宮殿の中心建物である正殿（謁見所）と宮内省庁舎が完成した。巨額の建築費をいとわず、堅牢・豪華な宮殿を造営するべきであるという意見（一二年、工部卿井上馨の意見）もあったが、結局は過剰な装飾や虚飾を絶った、木造のシンプルな皇居に落ち着いた（全体の落成は一〇月、奥の宮殿は、木造純和風。表宮殿は、外観は和風で内部は洋式）。天皇や天皇の側近、そして政府首脳部の総意がこれであったというべきであろう。

霞ヶ関官庁街の計画

先にもふれたように、新宮殿は宮城と呼ばれることになった。宮内省庁舎には、総理大臣官房、大臣詰所などの内閣諸機関室と枢密院が置かれたが、その他の政府機関は宮中と府中を区別するという

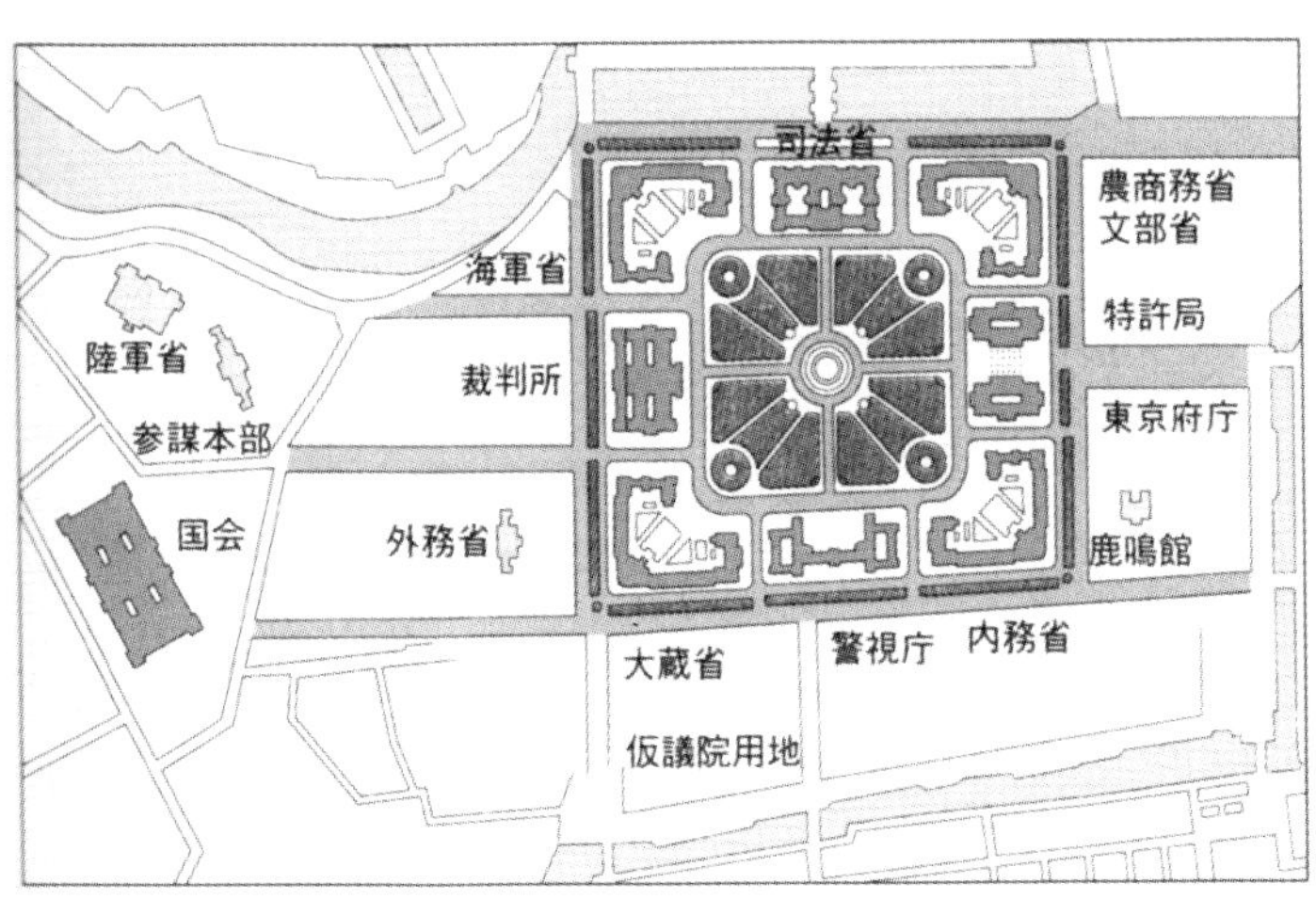

エンデによる官庁集中計画（拙著『日本近代の出発』集英社より）

方針のもとに、宮城の外に置かれることになった。

新宮殿の造営とともに、旧大名屋敷などに仮住いしていた諸官庁も、新しい官庁舎へという動きとなる。明治一九（一八八六）年二月、霞ヶ関と日比谷に官庁街を建設することを目的に、内閣直属の部局として臨時建築局が設けられ、外務大臣井上馨が総裁に就任し、副総裁には警視総監の三島通庸が就任した（いずれも兼任）。

ヨーロッパかぶれといわれる井上と土木県令の異名を持つ三島のコンビである。どんな官庁街をめざしたか、およその見当がつくだろう。彼らは帝都の造形デザインをドイツに依頼した。単に官庁街だけでなく、帝都中心部の大改造である。

明治一九年に来日したベックマンが描いた壮麗・大規模な帝都構想は、あまりにも壮大過ぎて、翌年三月に来日したホープレヒトの意見で、官庁街建設だけに縮小された。そして、さらに同年五月に来日したエンデによってネオバロック洋式を基本とした官庁街と官庁舎が図面に描かれたのである。

しかしこの計画も挫折する。翌二〇年九月、この計画の大スポンサーであった井上外務大臣が、条約改正交渉失敗の責任をとって、外務大臣と臨時建築局総裁を辞任したのである。またこの年四月二〇日に、伊藤博文首相官邸でおこなわれた仮装舞踏会のスキャンダルに端を発して、いわゆる鹿鳴館(ろくめいかん)時代の欧化主義に対する批判が高まっていった。

このような時代風潮のなかで、エンデ案も見直しとなった。そして最終的に落ち着いたのが、外桜田から霞ヶ関にかけて官庁舎を建設し、隣接して公園を造る案であった。こうして現在の霞ヶ関官庁街と日比谷公園が誕生したのである。

東京の新しい顔

ここで東京の人と町についてふれておこう。明治元年の秋の東京の風景を、神田の住人斎藤月岑(さいとうげつしん)はつぎのように記していた。このころ衰えたものとして、呉服店、花街雑劇、髪結い床、市井地主、奉公人、武家出入商家、武家日雇いと口入れ、などをあげていた。あきらかに東京の人口の減少が、これらの商売を不況に陥れたのである。

旧幕臣の約半分にあたる一万三七五三人が、徳川宗家を相続した徳川家達(いえさと)にしたがって静岡藩に移住した。新政府に職を得た者や、農商に生活の途をもとめたものはわずかで、多くの幕臣は各地に離散していった。その結果として、武家を相手の商人も、店を閉じざるを得なかった。番町、深川、本町、下谷あたりは、ほとんど空き家となったのであった。

しかし徐々にではあるが、人が増えてゆく。明治二年の町民人口が五〇万三七〇〇人（農民を含む、武家はわずかしか居住していない）ほどであったのが、六年一月の調査では五八万人余りとなっていた（旧朱引内のみ）。

かつての江戸の住民が戻るとともに、新たな住民が入ってきたのであった。東京府が実施した人口調査では、この新しい住民を「入寄留」と呼んでいるが、その寄留してきた人数が六万六〇〇〇人余りとなっていたのである。

この寄留人口のなかで目立つのが、官員の二七六三人と兵隊の二〇九一人であるが、当時東京居住の官員の総数が四四六〇人であるから、官員の六〇パーセントが他府県から入ってきていたのである。ちなみにその他の寄留人の職業では、雑業が約四〇〇〇人、雇人が約一万六八〇〇人となっている（『東京百年史』第二巻）。

当時の日本全体の官員総数（勅任・奏任・判任官と、下級官吏の雇いを含めて）が一万八二四六人であるから、その約二五パーセントが東京に居住していた。官員数は明治一〇年には七万二三五二人となっているから、単純に計算して、明治一〇年には約一万八〇〇〇人ほどの官員が東京にいたことになる。

この官員とその家族が、いわゆる山の手の住民となってゆく。たとえば麻布、赤坂、青山、四ッ谷、市ヶ谷、小石川、本郷、駒込あたりの、東京の新しい住民である。そしてさらに東京に遊学する学生や、新しい職業として登場したサラリーマンが、山の手の下宿や借家の住人となって、山の手人口が急激に増加していったのであった。

服部誠一『東京新繁昌記』(明治九年刊)は、学校、人力車、新聞社、写真、牛肉店、新橋鉄道、博覧会など、その繁昌ぶりと、そこに出入する人々とともに、東京の新しい風景である文明開化の情景を描き出したのであるが、これらの新しい東京を支えていたのが、江戸っ子とともに、新東京人の山の手住民であった。

東京の人口が、江戸最盛期の人口一三〇万人近くまで回復するのが、明治二〇(一八八七)年頃になってからである。帝都のシンボルとなる宮殿も、完成に近付いていていた。そして江戸の町の中心であった日本橋にかわって、東京の新しい顔として銀座がその位置を占めるのも、この頃のことであった。

4　京都の再生

御所で博覧会

明治二(一八六九)年九月二四日、京都御所の東北にある石薬師門の前に、沈痛な面持ちをした京都市民が、およそ一千人ほど集まり、せまい道筋をうずめた。皇后が東京に行くのを（一〇月五日出発）、なんとかして思いとどまってもらいたいと願う、京都の町々の代表と有志の人々の姿であった。天皇の東京への再幸（および太政官の東京への移転）に続いて、皇后も東京に行くとなると、誰もが遷都ではないかと疑って当然である。大きな騒ぎとならなかったのは、政府が決して遷都という言葉を口にしなかったことと、したがって天皇が京都に帰ってくる可能性があると、京都の市民が自らを納得させたからであった。

しかし天皇は、京都に〈帰る〉ことはなかった。明治五年五月三〇日、中国から九州への巡幸の途中で京都にたちよった時、京都への還幸とはいわず、京都への行幸であった。天皇にとって京都は帰る所ではなく、行く場所として位置付けられたのであった。

これより先、明治二年六月の版籍奉還の際に、公卿・諸侯の称が廃止され、あらたに彼らを華族と呼ぶことになった。そしてこれらの華族は、原則として東京に居住することが政府から命ぜられ、京都の公卿の大半が東京に移っていった。その結果、禁裏御所（皇居）の回りを囲むようにあった公卿の屋敷が空き家となり、やがて取り壊されていったのである。

そして天皇の行幸があった翌年の明治六年三月には、御所を会場として博覧会が開催されたのであった。紫宸殿（ししんでん）を除いて清涼殿（せいりょうでん）などの拝観を許し、御殿の一部と仙洞御所（せんとうごしょ）の庭園が会場となったのである。翌年の開催の際には、大宮御所も会場となった。

天皇の神格化がすすむ明治二〇年代なら、およそ信じがたいことが明治の初年には行われていたのである。さすがに公卿屋敷があった御所周辺はもとより、御所内部（皇居）にいたるまで荒廃が目立つようになって、ようやく宮内省は明治一〇年から御所の保存に乗り出したのであった。

随行する虎屋、残る大丸

御所が荒れてゆくのを放置せざるを得なかったように、当時の京都は元気がなかった。その原因の一つが、神仏分離令から激しい廃仏毀釈（はいぶつきしゃく）運動に突入するなかで、神道と仏教の対立が頂点に達して、宗教都市でもあった京都の雰囲気が、大きく損なわれたことであった。

洛中、洛外の寺院で廃寺となるものもあった。そしてその寺から没収された仏像や什器（じゅうき）や銅器類が集められ、明治七年に鴨川に建設された四条鉄橋に鋳直（いなお）されたのである。変革期につきものの伝統破壊の典型的な例である。

天皇がいなくなり、公卿が東京に移り、武士も去って、社寺が低迷する京都の町。商人や商工業者で京都から他の土地に生活の場を求める者があいついで、京都の町の戸数も、近世の最盛期七万戸に比べると一万戸ほども減少した。

こうしたなかで近世の初期から京都を本拠にしてきた三井家（呉服・両替商）が、東京への移住を決断したのが明治三年であった。また東京行幸の際に、天皇にしたがって行幸の列に加わっていた禁裏御用菓子屋・黒川光保（くろかわみつやす）（虎屋）が、京都に本店を構えながら東京にも店を開いたのが明治二年三月である。

しかしたとえば、虎屋・黒川光保と一緒に東京行幸にお供をした禁裏御用餅屋（粽）・川端道喜や大丸（呉服・両替商）などのように、京都を離れなかった商人も大勢いた。そしてこれらの京都に根付いた人々が中心となって、京都の復興がはかられて行くのである。

古都・京都から新生・京都をめざすスローガンは《第二の奈良となるな》であった。かつての都・平城京奈良は、この頃は見るかげもなく荒れはてていた。地味すぎるスローガンのようであるが、それだけ京都の人々の強い危機感を表したものであった。

政府もそうした京都に配慮した。明治三年三月、洛中の地子（地代）免除を布告するとともに、この年に当時としては巨額の、一〇万円の産業基立金を京都に下賜したのである。東京への遷都の見返りであった。この基金を元手に、京都府はさまざまな事業を展開するのであるが、低迷する京都が、本格的に活気を取り戻すのは、琵琶湖疎水工事が着工される明治一八（一八八五）年前後のことであった。

西京か京都か――呼称をめぐって

東京遷都の後、低落するかつての帝都・京都を象徴するかのように、京都は西京という呼び方をされるようになった。東京が明らかに上昇感をともなって呼ばれるのに対して、京都が西京と称えられるのは、京都の人々にとっては転落感をともなうものであった。

江戸が東の京＝東京となったのだから、京都は西の京＝西京と呼ぼうということである。明らかに東京を上位視した発想である。これには以下のような事情があったのではないかと推測したい。すなわち東京が遷都により、帝都であり、かつ首都〈ミヤコ〉となったとき、〈ミヤコ〉をあらわす京都の地名が政府内で問題となったのではないだろうか。その間の事情を明らかにする直接の史料があるかどうか、私は知らないが、間接的であれば、一つの例を示すことが可能である。

明治二一（一八八八）年六月一日、皇室典範を審議する枢密院会議において、諮詢案第十一条「即位ノ礼ハ西京ニ於テ之ヲ行フ」の審議の際に、「西京」ではなく「京都」と修正するべきであるとの意見に対して、井上毅（報告員）は次のように反論している。

> 西京ヲ京都トセハ、東京ハ江戸トナリ、西京コソ帝都トナリテ、東京ノ東ノ字ハ、京都ニ相対シテ、第二ノ地ニ位スルノ称トナラン

つまり、東京は我が国の「首府」であるから、ことさらに西京としたのだと述べていた。

井上の議論は分かりにくいが、以下のような意味である。井上は「東京」と「京都」を地名に限定して考えていない。東京は「首府」であり帝都となった旧江戸につけられた新たな名称である「東京」で、東の京であるという理解である。東の京＝東京が「首府」である第一の地位なのだから、第二の地位であるところは西の京＝西京とするべきである、というものであった。江戸を東京としたときと、順序は逆であるが同じ発想である。

また井上は次のようにも述べている。この皇室典範で、古い名称を用いて京都というならば、東京も古くからの地名である江戸を用いなくてはならない。そして「京都」は〈ミヤコ〉を意味するのであるから、そこで新天皇の重要儀式である即位の礼を行うとすると、東京よりも京都を中心視することになってしまう。

井上は京都が特別な意味をもつ旧都であることを尊重している。だからこそ京都（西京）で即位式なのである。しかし東京と京都の位置関係を明確に位置付けたい。それが上記の発言となったのであった。しかし井上は、東京の名称と地名および意味付けの面で、混乱を起こしているのである。

地名としての京都と東京

東京は二都（両都）構想のなかであれば、きわめて分かりやすい名称であった。しかし東京への遷都となって、話がややこしくなった。

京都は「京」も「都」も、本来は〈ミヤコ〉を意味する普通名詞であるが、京都が固有名詞の地名となるのが、一一世紀末の院政期からである。さすがの明治政府も、その伝統のある京都の地名を、江戸を東京と変えたようには、改めることはできなかった。なお古くから京都を京師（けいし）と呼ぶこともあり、明治初年にもこの呼称は公文書でも見られるが、これは普通名詞として用いられているのである。

その〈ミヤコ〉を意味する京都の地名を残しながら、〈首都〉の名称を「京都」から発想した東京としなければならなかったのである。そして名実ともに東京が帝都であり首都となるまで、東京は京都を強く意識し続けなければならなかったのは、井上毅の発言に見られるとおりである。その意味においても、早くから東京都としたほうが、よけいな混乱を避けられたかもしれない（ちなみに東京都が発足したのは、昭和一八（一九四三）年七月一日である）。

また東京は地名ではなく、首府に付けられた名称で、地名は依然として江戸であるとする説も主張されていた（西村茂樹「東京の地名　附蝦夷地名」明治九年）。井上毅も同じような考えであったように見える。しかしこの点に関しては、西村茂樹も井上毅も錯覚に基づいている。

明治元（一八六八）年一一月五日に出された東京府の布告にこうある。

江戸を東京と被仰出候上は、地図書籍は勿論、絵草紙に至る迄、地名を書載候類、東京と可書

地図書籍だけでなく絵草紙でも、発行された所を書くときは「東京」と書くべきであると述べ、東京は地名であると明瞭かつ正式に発表していたのである。井上と西村はこの事実を知らなかったのであろう（『江戸から東京への展開』東京都・都市紀要一）。

岩倉具視の京都国際観光都市化構想

西京か京都か、枢密院で議論がなされた時より五年も前の明治一六（一八八三）年に、岩倉具視は京都を保存し、かつ古都に新しい性格をあたえて、世界にもアピールしようという意見を主張していた。

平安京の土地の美および風俗の善なるは、海外各国の人もまた称揚……宮闕を保持し、民業の衰

微を挽回するは、諸礼式を興し、他国の士民をして屢此地に出入りせしむるの方法を設くるに如くはなし……（『岩倉具視関係文書』一）。

平安京＝京都は、日本人だけのものではない。海外の人々も称賛している。その中心であり象徴でもある御所を保存し、さらに全体として京都の衰微を挽回するために、以下のことを考え実現するべきであるという内容の意見であった。

1．三大礼（即位、大嘗祭、立后）を京都でおこなう。

2．賀茂祭、石清水祭などの旧儀を再興する。

3．御苑中に洋館を建造する（迎賓館にあてる）。

4．宝庫を築造して拝観をゆるす。

5．御所・御苑の公開。

6．二条城の管理と公開。

1．は「即位の礼及大嘗祭は京都に於て之を行ふ」と皇室典範で定められ、4．が帝国京都博物館（明治三〇年五月公開、明治三三年京都帝室博物館と改称）として実現をみたように、岩倉の意見は3．を除いて、時期をずらしながらもほとんどが実現した。

岩倉は遷都の後、一時死に体となってしまったかのような京都を、「伝統」を売り物にすることによって再生させようとしたのである。そして国際観光都市化の構想さえうかがえる発想は、その後の京都をみるとき、その先見性には驚くべきものがある。京都に特別の思い入れがあった岩倉だからこそ、京都の生きる道が見えていたのかもしれない。

京都は首都・帝都の位置を東京に譲ったが、歴史的遺産や景観を大切にして、世界にも広く知られた、心のなごむ美しい都市となった。一方、東京は江戸を破壊し尽くして近代化を突っ走り、世界最大の巨大都市となった。しかし今、東京は世界でも有数の人が住みにくい都市となってしまった。

京都が首都・帝都であり続けていたら、おそらく今の京都はない。逆説的ではあるが、東京遷都が結果的に京都を救うことになったと言えよう。そのような意味の上で、現在の首都機能の移転や遷都問題を、考えてみることが必要かもしれない。

おわりに――首都・東京へ

当時の市民の意識

江戸が東京になった日は、明治元年七月一七日、そして京都から東京への遷都の日は、明治二年三月二八日である。しかし東京で、この日を記念して祝う特別な行事や祝典は、その後も行われる事はなかった。

江戸は、ある日突然、東京となった。「江戸を称して東京」とするという詔書が、なんの予告もなくだされたのである。江戸の人々には、何一つまえもって知らされたことはなかった。

江戸の市民は、ただとまどいを覚えるだけだったにちがいない。あるいは日々の生活には、少しのかかわりもなかったから、しばらくは無関心だったのかもしれない。

ある日突然、政府または市や町の当局によって、私たちの住む市や町の名称が変えられるようなことがあったら、どんな騒動になることか。住民を無視したこのようなことは、今なら起こりえないだろうが、「東京」は、そのようにして誕生したのであった。

したがって旧江戸の人々にとって、「東京」は、なかなかなじみにくいものであったであろうことは、容易に想像されるのである。それゆえ当然のことながら、東京の市民が「東京」の誕生を、特別に祝うこともなかった。

明治となってから、東京でおこなわれた最初のもっとも規模の大きい祝典は、明治二二（一八八九）年二月一一日の大日本帝国憲法発布を記念した祝典である。たくさんの山車（だし）がくり出し、仮装した芸者の踊り歩きがあったりと、政府の掛け声によって行われたものであるが、東京の市民のお祭り気分のなかでおこなわれた祝典であった。

またこの年の八月二六日（旧暦八月一日）に、上野公園の東照宮（とうしょうぐう）社殿で江戸開府三百年を記念した臨時祭がおこなわれた。上野界隈は大変な人出であったが、それとともに東京の市中すべてが、軒（のき）提灯（ぢょうちん）と国旗をかかげていたことが注目されるように、市民の祭典として行われていたのであった。『朝野新聞』は「東京今日の繁栄あるも、その源は家康公開府の恩賜」であると報道していた。このように、東京の繁栄を祝おうとするとき、その記憶の出発点を、東京となった日や、あるいは東京遷都の日ではなく、徳川家康の江戸開府に求めていたのであった。これが当時の一般の市民の意識だったのである。

しかし新築された宮城・正殿でおこなわれた憲法発布の式典に続く、市中での祝典と、江戸開府三百年祭の、官民双方の側が主催した、この盛大な祝典と祭典により、東京の市民は、〈首都〉東京、帝都東京の市民であることを実感していったのではないだろうか。

首府、帝都、首都

最後に「首都」についてふれておきたい。幕末から明治にかけて、「首都」という言葉が、一般にはほとんど使われなかったことは、本書のはじめの部分で述べたが、一切使用されなかったということではない。たとえば『米欧回覧実記』（久米邦武編、明治一一年刊）ではロンドンとベルリンを「首都」と表現している。

しかし明治の前半期に東京を「首都東京」と表現した例を、いまのところ私は見ていない。一般には、首府、皇都、帝都が用いられているように思える。たとえば福沢諭吉は「首府改造と皇居造営と」（『時事新報』明治一六年六月）と題した論説に見られるように「首府」を用いている。

明治の二〇年代以降は、圧倒的に帝都東京である。公的にも、たとえば大正一二（一九二三）年の関東大震災の「帝都復興院」設置などに見られるように「帝都」である。帝都から「首都」にきりかわるきっかけは、昭和二五（一九五〇）年六月二八日に公布された「首都建設法」である。昭和二一年一一月に日本国憲法が公布され、天皇が象徴天皇となり、二三年七月に「宮城」が「皇居」と改称されたころから、「帝都」は急速に使われなくなった。東京は帝(みかど)の都ではなくなったのである。

こうして首府の江戸から、帝都・東京となり、首都・東京となった。首都機能が移転した後、東京にはどのような名称がつけられるのだろうか。首都機能が移転した地域は、どのように呼ばれるのか。〈都〉の名はつけられるのだろうか。

あとがき

本書は江戸が東京となり、京都から首都が東京に移された、その過程を明らかにした、すなわち東京遷都の政治過程を中心に述べたものである。

東京遷都を本格的にあつかった著書としては、岡部精一『東京奠都の真相』（仁友社、一九一七年）が唯一のもので、戦後にだされたものでは『東京百年史　第二巻』（一九七九年）で、かなり詳しくふれられていた。そのほかでは拙著『志士と官僚』（ミネルヴァ書房、一九八四年、後に二〇〇〇年に、講談社学術文庫で再刊）の第一章「新首都で新政を」で、私自身はじめてこの問題について論及し、さらに「東京遷都の政治過程」（京都大学『人文学報』六六号、一九九〇年）でくわしく取り上げたのが、これまでに発表された主なものである。

本書は私の上記の二つの文章がもとになっているが、幕末の京都が政治の都となり、事実上の首都となった過程をくわえて、あらたに書きおろしたものである。とくに幕末の部分に一章を割いたのは、幕末の京都が首都となった過程について、本格的に論及した研究がないからである。

また本書のタイトルでも、お分かりいただけるかと思うが、東京という名称にややこだわってみた。本文でも述べたように、当初政府は、江戸という地名を、東京という地名に変えるという発想はなかった。江戸という地名のところに東京を置いた（江戸を東の京とした）という考え方であった。それはたとえば、廃藩置県によって、新しい県名がつけられたよう（水戸という地名のある地域を中心に、茨城県という県の名前が付けられたように）なものであった、といってよいだろう。

しかし東京が首都となることによって、東京は単なる東の京を意味する名称ではなく、京都が地名であるのと同様に、東京を地名とする考え方になっていったと思われる。東京は地名か否かという議論があるが、最初から東京ではなく、京都と同じように東京都とすれば分かりやすかったと思う。もっとも東京が誕生した時点では、京都が首都であり、東京は京都に次ぐ第二の都であるという位置付けであったから、東京都とすることは難しかったかもしれない。現代でも東京都は「東の京都」だというジョークのような説が、京都人のなかでの話に出てくる位だから、東京都とすると、当時とすればかえって京都と同列のようにみえて、具合が悪かったのかもしれない。

本書の執筆の過程で、遷都問題を京都大学人文科学研究所における共同研究で報告発表を行い、研究班の皆さんから、貴重なご意見をいただいた。本書を執筆するようにと声をかけて下さった講談社選書出版部部長・渡部佳延さん、共同研究の班員の皆さんに心から感謝申し上げる。

二〇〇〇年十一月　六十歳となった日に

佐々木　克

『江戸が東京になった日』を読む

勝田政治

江戸が東京と呼ばれ、日本の首都となったのは明治維新である、ということはよく知られている。それでは、明治維新のどの段階で東京が首都となったのかについて、答えられる人はそれほど多くないと思われる。この問題に解答を与えてくれるのが、本書『江戸が東京になった日―明治二年の東京遷都―』（以下本書と記す）である。

本書の著者である佐々木克氏は、代表作である大著『幕末政治と薩摩藩』（吉川弘文館、二〇〇四年）をはじめとする多くの著書や論文を遺された、明治維新史の代表的研究者のお一人である（佐々木氏は二〇一六年にお亡くなりになった）。また、佐々木氏は明治維新史学会の会長を二〇〇〇年六月から二〇〇四年六月までの四年間にわたって務められた。筆者（勝田）は佐々木氏とは大学は異なっていたが、この明治維新史学会で学恩を受け、本書を含む著書や論文を「謹呈」していただいた一人である。

本書は、佐々木氏が明治維新によって日本の首都が京都から東京に移された過程を、平易に叙述した書物である。本書の「はじめに」でも述べられているように、東京に首都を移すという「東京遷都令」は出されなかった。このことから本書以前の一般書においては、「なしくずしの遷都」として「ずるずると東京奠都は実現した」（田中彰『日本の歴史24　明治維新』小学館、一九七六年）、「東京遷都は、なしくずしに実行された」（石井寛治『大系日本の歴史12　開国と維新』小学館、一九八九年）などと記述されてきたものである。

こうしたなか、佐々木氏が東京遷都問題に初めて本格的なメスを入れた論文が、「東京「遷都」の政治過程」（『人文学報』六六号、一九九〇年。京都大学学術情報リポジトリKURENAIで公開）である。この論文が本書の基となっているので、本書との関連において内容（全三章）を簡単に紹介しておこう。

第一章は「遷都論の諸相」である。幕末における平野国臣・真木和泉・伊地知正治（以上は大阪遷都論）、一八六八（明治元）年における大久保利通の大阪遷都論・前島密の江戸遷都論・大木喬任と江藤新平の東西両都論を検討している。この第一章が本書第二章「構想のなかの帝都」となっている。

第二章は「首都への道」である。第一節「大坂遷都建白と大坂行幸の意味」では、大久保利通の大阪遷都論から、遷都ではなく大阪親征行幸が実現する経緯が述べられている。大阪遷都論と行幸論は天皇親政に向けた朝廷改革をめざすものであり、両者は「セット」であるとする。第二節「大坂から東京へ」では、大阪行幸中に江戸開城がなされたことにより、江戸を東の京として関東統治の要とする主張がなされ、江戸＝東京への行幸が政治課題となったことを指摘する。第三節「東京行幸」では、天皇が江戸に親臨して統治するので江戸を「称して」東京とする、という一八六八年七月一七日の詔書の意味を明確にする。すなわち、江戸という地名を東京と「改称」するのではなく、江戸を京都と同格の東の京とすることであると。この東京設置の詔書により、天皇の東京行幸（東幸）は既定方針となり、九月に天皇が京都を出発、一〇月に江戸城に到着し、これを東京城と改めて皇居とする。天皇が徳川氏に替わって新たな支配者であることを示したのが東幸の意味であったことを指摘する。この第二章が本書第三章「天皇と新時代の演出」の1「江戸を東京に」から3「東の京の天皇」となっている。

第三章は「東京奠都の実態」である。東幸後も天皇の東京滞在を主張する意見が多数であったが、実際は一度京都に還幸（かんこう）した後、再度東京への臨幸という再幸となった。この再幸は岩倉具視の強い要求によるものであった。岩倉の主張は、還幸により京都の人心の「安堵」をはかり、再幸の際に太政官を東京に移すという、「首都東京を構想するものであった」と評価する。一八六八年一二月天皇は京都に向け東京を出発、翌一八六九年二月二四日に太政官の東京移転を布告し、三月二八日に東京に戻った。その日、東京城を「皇城」（皇居プラス官庁）とするという布告がだされた。この布告を「遷都宣言を意味していた」と評価する。そして、最後の文章は「遷都の発令はなかった。しかし実質的な遷都であり、そのことを適切に表現するとすれば、やはり〈奠都〉というべきであると思う」と結ばれている。この三章が本書の中心である、第三章「天皇と新時代の演出」の4「京都還幸をめぐって」と第四章「帝都東京の誕生」の1「東京への再幸」と2「三月二八日、遷都」となっている。

このように、佐々木氏は一九九〇年の論文で東京「遷都」の過程を、大阪行幸→東京行幸→京都還幸→東京再幸と行幸との関連でとらえ、東京再幸の一八六九（明治二）年三月二八日の「皇城」布告を「遷都宣言」とする、という東京遷都論を提起していた。本書の結論も第四章で端的に次のように述べられている。

私は東京への遷都、帝都東京の誕生日は、明治二（一八六九）年三月二八日であったとしたい。（一五三頁）

そして、九〇年論文では「奠都」と言う表現にこだわっていたようであるが、本書第四章では次のように明確に「奠都」ではなく遷都が使用されている。

都を定めたという意味になる奠都といった方が、より実態を適切に表現するものであったといえるかもしれない。しかし遷都とはいわれなかったけれど、事実上の遷都であり、新しい帝都東京の誕生であり出発であった……私はやはり、現代の語感にはあまりなじまない、意味の通じにくい奠都よりも、実態を正確に表現する遷都を用いたいと思う。（一五九頁）

本書の最大の意義は、これまで「なしくずしの遷都」と言われてきた、東京遷都を確定したことである。本書の「はじめに」で佐々木氏は、「歴史辞典に「東京遷都」という項目がない」と述べていた。確かに二〇〇〇年頃には項目はなかったようであるが、本書刊行後に編集された『明治時代史大辞典』第二巻（吉川弘文館、二〇一二年）には「東京遷都」が掲げられた。そこには「明治二年三月再び東幸となり……太政官も東京に移され、東京城は皇城と改称され……事実上の遷都が行われた」と記されている。一般書である青山忠正『日本近世の歴史6　明治維新』（吉川弘文館、二〇一二年）も「三月に入ると、天皇と政府機構の東京移転（東京再幸）が実現した。公式的な表明は行なわれなかったが、事実上、東京を新首都と定めたのである」と述べている。本書刊行の影響が窺われる。

その他の意義をいくつか挙げておこう。

第一は、遷都問題を明治初年の政治状況のなかで、行幸との関連でとりあげたことである。とりわけ、天皇親政に向けた天皇教育と宮中改革との関連である。行幸の目的は、幼年（元服前）で即位した天皇の「改革」であったとし、たび重なる行幸中の宮中改革で天皇親政の制度的整備が進んだことの指摘である。本書の中心である第三章「天皇と新時代の演出」と第四章「帝都東京の誕生」は、行幸と天皇親政の関係から、遷都の必然性を浮かび上がらせている。また、第三章では行幸の意義として、天皇が民衆に接する最初の機会となったし、それは政府首脳の「見せる」天皇の演出であった、と行幸の様子を具体的に叙述している。この第三・四章の要旨は、その後の佐々木『幕末の天皇・明治の天皇』（講談社学術文庫、二〇〇五年）の「第二部　明治の天皇　第一章　見えない天皇から見せる天皇へ」に取り入れられている。

第二は、幕末から明治元年にかけての遷都構想を、広く紹介していることである。第二章「構想のなかの帝都」は、既に知られていた構想でもその意図を丹念に明らかにしている。そして、前掲の九〇年論文では触れられていない、幕臣西周（にしあまね）の「議題草案」（一八六七年一一月の大阪遷都論）と舘林藩士岡谷繁実（おかのやしげざね）の建言（一八六八年四月の江戸遷都論）の二つの遷都論、および、土佐藩士福岡孝弟（ふくおかたかちか）と水戸藩士北島秀朝（きたじまひでとも）の意見（ともに一八六八年閏四月の東西両都論）が新たに追加されている。最も詳細な遷都構想論となっている。

ところで、本書には東京遷都には直接関係しない、「第一章　江戸か京か—幕末の首都はどこか」が設けられている。この意図を佐々木氏は本書で次のように述べている。江戸時代に「江戸と京都は、ともに都であった」（一五頁）が、「江戸を〈首都〉であると、はっきり意識していた」（同）。しかし、開国後に京都が「政治の都となり、事実上の首都となった」（一七九頁）。この過程について「本格的に論及した研究がないからである」（同）と。第一章は、江戸時代に「首都」が江戸から京都に移った経緯が、コンパクトにまとめられており、開国から王政復古にいたる幕末政治史の概説としてもお薦めしたい部分である。なお、薩摩藩は徳川慶喜を「武力で追放する、討幕」を意図していたと述べているが、佐々木氏はその後、前掲『幕末政治と薩摩藩』で「討幕」（武力倒幕）を否定していることを付記しておく。また、東京遷都で終わらずに第四章の３「帝都東京の出発」と４「京都の再生」を設け、遷都後の東京と京都の状況にも言及している。明治以降の新首都東京と新生京都の歩みが簡潔に述べられている。

最後に本書刊行後、佐々木氏は新史料を基にして持論を「修正」した論文を発表しているので紹介しておこう。それは「東京奠都と東京遷都」（明治維新史学会編『講座　明治維新３　維新政権の創設』有志舎、二〇一一年）である。同論文は一八六八年七月一七日の江戸を「称して」東京とする詔書の原案（新史料）を紹介し、そこに江戸に「行宮」を置く、という文言があることを指摘している。「行宮」とは「仮の御所」であるが、「常設の皇居」すなわち「遷都を連想する言葉」、と遷都反対論者からとらえられて批判され、削除されたという経緯を明らかにした。江戸への「行宮」設置案は実現しなかったが、「遷都を計画していたことはまぎれもない事実」であり、「東京への遷都をほぼ決断していた」と述べる。一八六九年三月の東京遷都は、八カ月前の一八六八年七月の東京設置段階で「決断」されていた、という提示である。

（国士舘大学名誉教授）

本書の原本は、二〇〇一年に講談社より刊行されました。

著者略歴
一九四〇年　秋田県に生まれる
一九七〇年　立教大学大学院文学研究科博士課程修了
京都大学教授、奈良大学教授などを歴任
二〇一六年　没

〔主要著書〕
『戊辰戦争』（中央公論社、一九七七年）、『大久保利通と明治維新』（吉川弘文館、一九九八年）、『幕末政治と薩摩藩』（吉川弘文館、二〇〇四年）、『幕末の天皇・明治の天皇』（講談社、二〇〇五年）、『坂本龍馬とその時代』（河出書房新社、二〇〇九年、吉川弘文館〈読みなおす日本史〉、二〇二三年）、『幕末史』（筑摩書房、二〇一四年）

読みなおす日本史

江戸が東京になった日
明治二年の東京遷都

二〇二四年（令和六）五月一日　第一刷発行

著　者　佐々木（ささき）克（すぐる）
発行者　吉川道郎
発行所　株式会社　吉川弘文館
郵便番号一一三―〇〇三三
東京都文京区本郷七丁目二番八号
電話〇三―三八一三―九一五一〈代表〉
振替口座〇〇一〇〇―五―二四四
https://www.yoshikawa-k.co.jp/
組版＝株式会社キャップス
印刷＝藤原印刷株式会社
製本＝ナショナル製本協同組合
装幀＝渡邉雄哉

ISBN978-4-642-07536-7

刊行のことば

現代社会では、膨大な数の新刊図書が日々書店に並んでいます。昨今の電子書籍を含めますと、一人の読者が書名すら目にすることができないほどとなっています。ましてや、数年以前に刊行された本は書店の店頭に並ぶことも少なく、良書でありながらめぐり会うことのできない例は、日常的なことになっています。

人文書、とりわけ小社が専門とする歴史書におきましても、広く学界共通の財産として参照されるべきものとなっているにもかかわらず、その多くが現在では市場に出回らず入手、講読に時間と手間がかかるようになってしまっています。歴史の面白さを伝える図書を、読者の手元に届けることができないことは、歴史書出版の一翼を担う小社としても遺憾とするところです。

そこで、良書の発掘を通して、読者と図書をめぐる豊かな関係に寄与すべく、シリーズ「読みなおす日本史」を刊行いたします。本シリーズは、既刊の日本史関係書のなかから、研究の進展に今も寄与し続けているとともに、現在も広く読者に訴える力を有している良書を精選し順次定期的に刊行するものです。これらの知の文化遺産が、ゆるぎない視点からことの本質を説き続ける、確かな水先案内として迎えられることを切に願ってやみません。

二〇一二年四月

吉川弘文館

境界争いと戦国諜報戦　盛本昌広著　二二〇〇円
邪馬台国をとらえなおす　大塚初重著　二二〇〇円
百人一首の歴史学　関　幸彦著　二二〇〇円
江戸城 将軍家の生活　村井益男著　二二〇〇円
沖縄からアジアが見える　比嘉政夫著　二二〇〇円
海の武士団 水軍と海賊のあいだ　黒嶋　敏著　二二〇〇円
呪いの都 平安京 呪詛・呪術・陰陽師　繁田信一著　二二〇〇円
平家物語を読む 古典文学の世界　永積安明著　二二〇〇円
坂本龍馬とその時代　佐々木　克著　二二〇〇円
不動明王　渡辺照宏著　二二〇〇円
女人政治の中世 北条政子と日野富子　田端泰子著　二二〇〇円

大村純忠　外山幹夫著　二二〇〇円
佐久間象山　源　了圓著　二二〇〇円
源頼朝と鎌倉幕府　上杉和彦著　二二〇〇円
近畿の古墳と古代史　白石太一郎著　二四〇〇円
東国の古墳と古代史　白石太一郎著　二四〇〇円
昭和の代議士　楠　精一郎著　二二〇〇円
春日局 知られざる実像　小和田哲男著　二二〇〇円
伊勢神宮 東アジアのアマテラス　千田　稔著　二二〇〇円
中世の裁判を読み解く　網野善彦・笠松宏至著　二五〇〇円
アイヌ民族と日本人 東アジアのなかの蝦夷地　菊池勇夫著　二四〇〇円
空海と密教 「情報」と「癒し」の扉をひらく　頼富本宏著　二二〇〇円

吉川弘文館
（価格は税別）

石の考古学　奥田　尚著　二二〇〇円

江戸武士の日常生活 素顔・行動・精神　柴田　純著　二四〇〇円

秀吉の接待 毛利輝元上洛日記を読み解く　二木謙一著　二四〇〇円

中世動乱期に生きる 一揆・商人・侍・大名　永原慶二著　二二〇〇円

弥勒信仰 もう一つの浄土信仰　速水　侑著　二二〇〇円

親　鸞 煩悩具足のほとけ　笠原一男著　二二〇〇円

道と駅　木下　良著　二二〇〇円

道　元 坐禅ひとすじの沙門　今枝愛真著　二二〇〇円

江戸庶民の四季　西山松之助著　二二〇〇円

「国風文化」の時代　木村茂光著　二五〇〇円

徳川幕閣 武功派と官僚派の抗争　藤野　保著　二二〇〇円

鷹と将軍 徳川社会の贈答システム　岡崎寛徳著　二二〇〇円

江戸が東京になった日 明治二年の東京遷都　佐々木　克著　二二〇〇円

女帝・皇后と平城京の時代　千田　稔著　（続　刊）

吉川弘文館
（価格は税別）